中国黄金货币

近代老金条的前世今生

徐宝明　著

上海文化出版社

序

让学术成为收藏鉴赏的灵魂

在这春风又绿江南岸的时刻，我有幸拜读了徐宝明先生的《中国黄金货币 —— 近代老金条的前世今生》之书稿。作为此书第一位读者，阅完书稿，让我想起德国思想家歌德说过的一句名言："没有彻底了解，就不是你所拥有的。"徐宝明做到了这一点，他以自己拥有的为我们奉献了一本好书。

上海是我国近代民间货币收藏的发祥地，早在 1926 年，著名的收藏家张叔训在上海发起成立了我国第一个集币组织 —— 古泉学社，并出版学术刊物《古泉杂志》。该社成员不少系当时的社会名流，如罗振玉、董康、宝熙、袁克文、陈敬弟、丁福保等。虽说这个集币组织只生存一年的时间，但对我国的钱币收藏却产生了极大的影响。十年后，即 1936 年 2 月 23 日，一个更大观模的集币组织在上海诞生，它就是"中国古泉学会"，由丁福保出任会长，叶恭绰与张叔训担任副会长。到了 1940 年，著名集币家罗伯昭来沪又发起创办了"中国泉币学社"，丁福保再次当选会长。这些集币组织的参与者，不仅很多是社会名流，其中不少都是学术了得的学问家，例如张叔训、宝熙、袁克文、叶恭绰、罗伯昭、王荫嘉、戴葆庭、丁福保等。丁福保曾纂编了一部《古钱大辞典》，开创了民间钱币收藏研究的新领域，这是一部公认的集币必备的工具书，至今仍具它的权威性。

正是在这种学术风气的熏陶下，上海滩钱币收藏始终红红火火，引导着神州的集币活动，并涌现了一批又一批以学术为基础的收藏家，徐宝明先生无疑是当代上海滩钱币收藏的代表。作为一名资深的古钱币收藏家，他的收藏与改革开放的大潮同步，从最早的人民大道地摊，到上海图书馆与文庙钱币专柜，再到肇嘉浜路街心钱币市场，都留下了他的足迹。数十载的寻寻觅觅，功夫不负有心人，他被誉为钱币收藏界的市场派与实战派藏家。同时，他又是一位学术派，他的学术得益于他的另一项收藏 —— 书画。他的书画收藏很有特色，专题为有“当代翰林”之称的上海文史馆馆员的书画作品，这些大多是文人书画，通过收藏书画，磨练鉴赏，他又学习书法，将书法的笔韵与古钱币上的年号字迹架起了一座桥梁，为古钱币的鉴定提供了依据，更让他的收藏浸泽了学术之气。

然而，徐宝明先生又不仅是一位资深的古钱币收藏家，他更重要的一个身份是中国金融史研究专家。他在金融界、文博界整整工作了 40 年，曾任上海市工商银行企业文化部副总经理、银行博物馆常务副馆长，现为中国钱币学会理事、纸币专业委员会委员，上海钱币学会常务理事、学术委员会副主任委员。主持出版《近代中国银行业机构人名大辞典》，还有老银行系列丛书等专著。徐宝明先生专注于贵金属称量货币的研究始于新千年，那时此类货币属于被遗忘的品种，没人玩，他以专业的眼光发现了贵金属称量货币的学术价值。当时的市场价很便宜，用他的话讲，金条就是金价加点手续费，而且当年没有造假之货。从此，徐宝明走上了老金条的收藏与研究。2007 年年初，他在《银行博物》上发表了“民国时期特殊货币 —— 金条”；2009 年，他又在《钱币博览》上发表“中央造币厂厂条的板式及戳记考略”。回首望，这两篇应该是目前能见到的较早研究老金条的论文了。

20 余年过去了，徐宝明先生迎来了闲云野鹤的退休生活，在彻底放飞自我的时刻，收藏家的担当又一次唤发起他的著书激情。在经过筛选后，他选择了老金条的主题，这不仅因为他收藏了 100 余件大小老金条，更重要的是他对老金条的研究考量。上海人对金条是有历史情结的，他们对这种近代大规模作为货币流动的金条称为大小“黄鱼”。就是这种金灿灿的“黄鱼”，曾经是时代风潮的承载物。1947 年 2 月初，法币的币值一泻千里，黄金价格一日五涨，逐形成抢购黄金风潮，抢购黄金就是抢购金条，历史称之为“轧黄金”。上海是旧中国最主要的金条配售地，中央造币厂的厂条以及银楼金号经营的金条，成为那个时代至高无上的财富。不料，没 20 年时间，这种财富却成为万恶的“罪证”，于是便有了“文革”时偷偷将金条塞进阴沟洞，丢进苏州河，抛到黄浦江的心酸故事，小小的金条承载着时代风云。如今，老金条再次登上收藏舞台，成为了拍卖市场上的宠儿。

徐宝明先生倾情于老金条收藏，他在研究的基础上，并没有单纯为写书而写书，而是融入在我国历代黄金货币史的框架内来叙述，这为我们全面了解金条的前世今生作了完整的铺垫。因为在漫长的黄金货币史上，金条只是一个环节，但绝对是历史的绝唱。今天，徐宝明先生给这个“绝唱”，交出了一本专著。这本书著有较多的特色，例如近代金条的种类及成色的表达，再如传统鉴别黄金白银的成色的工具及方式。再例如解放后政府对黄金市场的管理变迁。这些都是作者多年研究的结晶，同时也是首次披露，例如对金牌，对金牌是传统鉴别黄金的重要工具，是用不同标准成色的黄金制成的细长薄片形小条，它是用于鉴别黄金制品分辨其成色高低的标本，其上刻有不同标准成色麦刻，一端钻有小孔，用细绳贯穿成链，一般二十枚左右为一组，个别的要有六七十数之多。金号银楼对不同成色的黄金有自己一套标准，分别为清金、浑金、洋金、面档、焊落等。随着测试科技的发展，对金牌早已退出了历史的舞台，徐宝明先生用自己的研究，还原了这段历史，让我们读懂了收藏背后的学术底色。

《中国黄全货币 —— 近代老金条的前世今生》将列入上海第二届收藏读书节的重点推荐书目之一，这不仅是因为这是一本深受读者欢迎的书籍，更重要的是它是一本填补我国部分黄金研究空白的专著，可喜可贺。

是为序

吴少华书与乙巳初春

（作者系上海市收藏协会创始会长）

前言

中国黄金货币 —— 近代老金条的前世今生

我国黄金的冶炼技术，早在3000多年前的商代就已经被人们所掌握。郢爯是楚国经济发达的产物，它产生于春秋晚期，是我国最早的黄金货币之一。西汉的黄金货币有金饼、麟趾金、马蹄金，主要用于贮藏、赏赐等。南宋的黄金货币除具有君王赏赐、政府开支、上层社会的财富贮藏等作用外，还具有商品经济中大额支付的价值尺度功能，但它不直接参与一般商业交易，人们使用时要通过兑换成铜钱才能实施商品交易行为。南宋时期的黄金货币直接用于商业支付的现象很少，通常带有偶然性。南宋所见的黄金货币有金铤、金牌、金叶子、金锭等。一般认为，我国近代官方铸造的黄金货币，是光绪三十二年（1906年）户部所铸光绪丙午年制的库平一两大清金币。库平一两大清金币铸造数量极少，并没有公开发行。在此前后，天津、南京、上海的中央造币厂、造币总厂都曾经利用银元、纪念币的钢模，各自铸造了少量的金币，可称之为银元版金币，主要用来纪念或收藏。黄金货币的形状可分为多种：有条形、圆形、束腰形等；不同形状的黄金货币有着不同的名称，条形薄片的一般称金铤，有一定厚度的称金条或金砖。民国时期大多以金条为主，圆形的一般称金饼，束腰形的习惯上称为金锭。

20世纪20年代末，上海金市的黄金交易量仅次于伦敦和纽约，成为世界第三大金市。金业交易所平时实际交易以标金为主，上海标金又分小条、大条两种。小条重漕平十两，大条重漕平七十两。1928年，度量衡制度改革后，标金以市平计算。市平一两合漕平0.825两，合公衡31.25克。小条和大条标金成色均含纯金千分之九七八。虽然金业交易所把标金铸成长条式大小金砖，但那时标金交易不是用于支付手段，而是被投机者用来做投机交易。

近代大规模以黄金作为货币流通的，则是颇具影响和神秘色彩的金条，上海人俗称大小“黄鱼”。在应对国民政府法币、金圆券等纸币的剧烈贬值中，大小“黄鱼”曾表现出耀眼的光彩。

解放初期，人们还想沿循着老旧的思维，寄希望于自己手中仅存的那些黄金，能够抵御住因战争带来的满目疮痍和货币的剧烈贬值。人民政府一系列的货币政策和对金融管理的多项暂行条例，彻底打破了那些投机者的美梦。从建国初期、计划经济时期、改革开放以来，人民政府对黄金实施了一系列管理政策，对有天然货币属性的黄金，实行了严格管制，又从严格管制到一步步全面与世界黄金市场接轨，重新跻身于国际五大黄金市场，恢复了我国在国际金融市场上应有的重要地位。

本书集学术性、科普性、欣赏性于一体，将我国3000多年来黄金作为天然货币属性的知识娓娓道来。笔者在金融界、文博界工作40余年，专注近代老金条收藏研究20多年。现愿将收藏研究的体会，配以近代老金条的精美实物图片，以飨读者。

目录

序　005

前言　008

第一部分　我国使用黄金货币的由来

一、黄金原材料的种类　014

二、黄金的基本属性　015

三、黄金的主要用途　015

四、我国历代黄金货币简述　015
（一）郢爯　015
（二）西汉金饼　017
（三）唐代的黄金货币　019
（四）宋代金铤、金牌、金叶子等黄金货币　019
（五）元明时期的金锭　020
（六）清代机制金币与金条　020
（七）民国期间的黄金货币　021
（八）黄金制品的红色印记　023
（九）历代钱文形黄金货币　024

第二部分　民国时期的特殊货币——金条

一、金业交易所与标金交易　026
（一）上海金业交易所的演变　026
（二）标金交易　029

二、法币折合黄金存款　034

三、金条作为国民政府垮台前的特殊货币　036

（一）国民政府时期两大货币政策 036
（二）民国时期使用金条作为货币流通的时间 042
（三）民国金条的种类及使用范围 045
（四）民国金条上印戳的考证 051
（五）民国金条的存世情况 052
（六）如何鉴定民国时期的老金条 055

第三部分 近代黄金货币（金条）的种类及成色表述

一、近代黄金货币（金条）的种类 062
（一）上海小条 062
（二）上海烚赤十两大条 067
（三）上海标金 068
（四）厂条 070
（五）北方地区的花生型金锭 080
（六）我国其他地区和国外的金条 080

二、黄金货币（金条）成色的表述 081
（一）上海小条黄金成色的表述 081
（二）标金的成色表述 082
（三）厂条的成色表述 082
（四）北方地区花生锭的成色表述 084
（五）其他地区金条的成色表述 085
（六）印度和菲律宾金条的成色表述 085

三、香港金银业贸易场检验的金条 086

第四部分 传统鉴别黄金白银成色的工具与方法

一、传统鉴别黄金白银成色的主要工具 090

二、试金石的成分与使用 090

三、对金牌的品种与使用 092

四、硝酸、王水等药水的成分与使用 098

五、白银成色的鉴别与对银牌　100

六、铂金成色的鉴别　102

七、中华人民共和国成立后试金石与对金牌的使用情况　103

第五部分　上海解放后，政府对黄金市场的管理及变迁（1949—2004）

一、中华人民共和国成立初期政府对黄金的管理　108

二、计划经济时期的黄金管理　118

三、改革开放以来的黄金管理　119

第六部分　中国现代金银币投资欣赏两相宜

一、中国现代金银币发行概况　130

二、中国现代金银币投资理由　130

三、普通投资者该买什么样的中国现代金银币　133

四、金融类题材的金银纪念章　142

第七部分　附录

1.“孤岛时期”（1937–1942）上海黄金交易黑市机构经纪人名号　150

2. 近现代黄金价格的走势与相关数据资料图　154

参考书目　169

后记　170

1

我国使用黄金货币的由来

一、黄金原材料的种类

（一）砂金。天然砂金颗粒大小不等，主要产于自然界的冲积层，与砂石混在一起，常与银、铜、铅、铁等金属相混合，黄金含量在70%-98%之间。

（二）山金。山金需经勘探金矿的矿脉的伸展方向、广狭程度、含金量高低，才能确定该矿有无开采价值。开采出的金矿石需经过大型矿机的粉碎、淘洗、提炼等多道工序，才能取得黄金。因此，采山金要比采砂金困难许多。

（三）熟金。凡经过熔化、提炼，成为有光泽、柔韧性强的凝结体，便是熟金。我国古代炼丹家能用火加土盐方法提炼黄金至99.5‰。人们熟悉的焰赤即是熟金。鸦片战争以后，随着国外更先进的黄金提炼技术的传入，我国开始有化学提炼黄金的方法，黄金纯度成色也更高。

招远黄金石

二、黄金的基本属性

黄金体积小，分量重，是同体积水重量的19.32倍，便于携带贮藏。黄金柔软，有糯性，熔点为1064摄氏度，能在重金属锻炼下不裂不断。将1克黄金可拉成3420米的细丝，可压制成厚度为万分之一毫米的金箔。

中国金都2007黄金节纪念章

三、黄金的主要用途

黄金在工业应用中主要以黄金合金为主，有金银合金、金铜合金、金镍合金和金钯合金等。很多传统精密仪器部件都需用上黄金合金，如经纬仪、电子滤光片、微量分析器等。民用生产主要用于制造金笔笔尖和黄金饰品。一般黄金笔尖采用14K黄金制成，一两黄金约可制成150个金笔尖。黄金合金现已广泛应用于火箭、超音速飞机、核反应堆和航空航天等现代工业中。

四、我国历代黄金货币简述

（一）郢爰

郢爰是楚国经济发达的产物，它产生于春秋晚期，是战国时期楚国的黄金货币，又名印子金，或称金钣、龟币。“郢”为楚都城名，“爰”为货币重量单位，距今已有约2500年历史，是目前中国发

郢爰（正面、背面）

现最早曾经流通过的黄金货币。早在宋代李石《续博物志》和沈括《梦溪笔谈》中就有记载。清吴大徵《权衡度量实验考》和方浚益《缀遗斋彝器考释》考证两字为“郢爰”。20 世纪 90 年代有学者提出“爰”应释为“禹”，钱币界一直到 2010 年以后，才基本将“爰”字统一解释为“禹”。郢禹是一种称量货币，形制有两种：一种是正方形或长方形的金版；另一种是扁圆体的金饼，以前者为多见。

1969 年、1970 年，在安徽的阜南、六安和霍邱等地的春秋战国楚墓中，均发现郢禹。1971 年，在湖北江陵郢城曾出土一块郢禹，重 17.5 克。1974 年 8 月，在中国河南省扶沟古城村出土楚金币 392 块，总重量 8183. 3 克。1979 年 8 月，在安徽省寿县花园村出土郢禹十八整版和一小块，重 5187. 25 克。这些楚金币的含金量多少不一，一般都在 94－98%之间，少量的仅为 85%左右。楚金币的称谓甚多，主要根据金币上钤刻的文字命名，如“郢禹”“陈禹”“鄗禹”“専禹”“卢金”“少贞”“羕陵”“中”和近几年新发现的“陈铸”“鄗阳”等。“郢禹”是楚金币中出现时代最早、出土最多的一种，因而人们都以它作为楚国黄金货币的代表。

从出土实物来看，整版的“郢禹”每件约重 250 克，正好为楚制一斤，合黄金衡制单位一镒。楚金饼多无印记。现在我们所看到的楚金币，除极少数为墓葬出土外，绝大部分来自于窖藏财富。从相关文献中可以看出，楚金币的流通限于上层社会，而且只在国王赏赐、游说诸侯、军队支出、大宗交易时才会使用。

商代中晚期（约公元前11世纪），随着人类社会的进步和发展，人们逐渐掌握了金属冶炼技术，于是便出现我国最早的金属货币——铜贝。相同时期还出土有金贝、包金贝、银贝等。

包金贝

（二）西汉金饼

西汉的黄金货币有金饼、麟趾金、马蹄金，主要用于贮藏、赏赐等。金饼发轫于战国时期的秦楚一带，鼎盛于西汉时期，是一种用于大额支付及贮藏手段的高等级黄金货币。中华人民共和国成立后，大规模出土西汉金饼有两次。一次是1999年11月2日，在西安北郊的新华砖厂施工工地出土了金饼219枚。这些金饼的重量大多在250克左右，形制基本呈圆饼形，一面凸起，一面凹陷，仅在大小、厚薄和重量上有所不同。每枚金饼的直径在5.6—6.6厘米，凸面一般表面粗糙，凹面一般表面光洁，并且普遍有冰裂现象。绝大多数还打有戳记、戳印，部分兼有刻铭和刻划的文字、符号等。印文有“黄”“千”“且”“全”“市”“齐”等。从文字特点来看，这批金饼戳印的字体属西汉的阳文小篆，类似的写法也出现于汉印和汉代瓦当中。从制作工艺来看，西汉时期的金饼都使用陶制模具浇铸而成，陶制模具都是一次性的，所以每枚金饼大小略有不同。

西汉齐字金饼

另一次是2011年至2015年，历时近5年时间，考古人员对南昌汉代海昏侯墓进行了系统的勘探与发掘，共出土了黄金器物多达478件，总重量达120

千克，是中国汉墓考古中发现黄金数量最多的一次。

海昏侯刘贺墓的发现之所以那么轰动，与出土大量西汉黄金货币不无关系。其中出土金饼 385 枚，大马蹄金 17 枚，小马蹄金 31 枚，麟趾金 25 枚，金板 20 版。这些金饼形制规整、金光熠熠。它们平面呈圆形，形如柿饼，正面微微凹凸，隐约可见铸造冷却时形成的龟裂纹。

这次出土最震惊钱币界的是大马蹄金 17 枚，小马蹄金 31 枚，麟趾金 25 枚。马蹄金底部圆滑，形如马蹄，表面铸有“上”“中”“下”等汉字。麟趾金出土 25 枚，其底部为椭圆形，内部中空，周壁向上斜收，口小底大，形如瑞兽麒麟之足，状如靴子。这种麟趾金有掐丝装饰金，顶部常镶嵌琉璃或玉石，象征祥瑞之意，或顶部铸有“上”“中”“下”等汉字。

个人认为，凡有掐丝装饰或有“上”“中”“下”文字的麟趾金、马蹄金，大多是汉代所铸，应为礼器，用以标明皇帝祭祀时的摆放位置，体现了严格的礼制规范，或为赏赐用“纪念币”性质。尤其是有“上”“中”“下”文字的麟趾金、马蹄金明显是在祭祀时用来标注方位的。而那些无任何装饰，浇铸粗犷的麟趾金、马蹄金，应属于有货币属性的高等级黄金货币。西汉金饼、麟趾金、马蹄金主要用于君王之间、贵族之间的财富转移及贮藏，依当时的商品经济状况，一般的商品交易，绝无可能用上金饼等高等级黄金货币。

（三）唐代的黄金货币

解放后，有考古出土唐代窖藏金铤和金饼的记录。其中唐代金饼与秦汉时期的形制不同，与唐时期“庸调银”相似。部分金铤刻有“柱国魏国公臣张通儒进”“金贰拾两铤专知官长员外同正”等文字。这些金铤、金饼应是一种上层社会的财富贮藏，而不是作为一般等价物的普通货币。

（四）宋代金铤、金牌、金叶子等黄金货币

宋代是中国货币史上又一个黄金货币使用的高峰。北宋黄金货币实物发现极少。近几年主要大量出土有南宋“陈二郎十分金”字样的一两金铤。还出土有一钱的金牌，一两的金叶子，被斜切截断的板形金铤，长条形十两、二十五两金铤。另外，还有仿“京销铤银”银锭形制的金锭等。

此类南宋金铤、金牌、金叶子等黄金货币，除具有君王赏赐、政府开支、上层社会的财富贮藏作用外，主要还具有商品经济中大额支付的价值尺度功能。它在当时富庶的江南一带社会经济活动中起到了积极的推动作用。当然，南宋时期黄金作为货币用于一般日常商业支付的现象很少，通常带有偶然性。

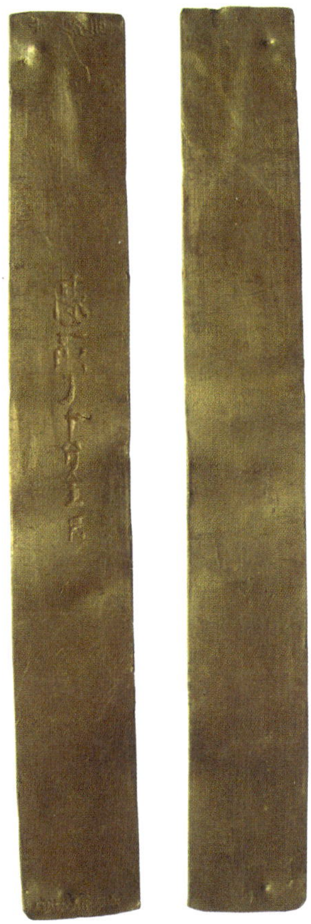

南宋陈二郎十分金（正面、背面）

（五）元明时期的金锭

元代黄金货币延续南宋形制，元代墓中出土的金锭基本与南宋相似。

明代黄金货币形制与同时期流通的银锭一致。金锭分有字和无字两种，有字的金锭会在金锭的正面或底部，刻有记年、记事和匠人等文字信息。明代黄金货币最重要的出土有两次。一次是万历皇帝的定陵考古发掘，一次出土明代金锭 100 多锭。还有就是近代张献忠的江口镇河道宝藏出水发现，张献忠的江口镇河道出水宝藏中，最著名的是一锭“长沙府天启元年伍拾两”金锭和一枚“永昌大元帅”虎钮金印。

（六）清代机制金币与金条

清代实行银本位，早期通用纹银。光绪开始，银两、银元同时流通，但国家统计时仍结算成银两单位。在商品贸易中，一般遵循“大额用银，小额用钱”的原则，基本没有黄金货币的使用。近几年发现的清代黄金货币，大多是荷兰东印度公司沉船中的条形十两金锭，这种条形十两金锭当时主要是专门用来与外商做贸易的。

光绪十五年（1889 年），时任湖广总督张之洞上奏朝廷后，首先在广东省铸造了光绪元宝银元。随着英国进口造币机器的引入，中国历史上第一次出现了机制金币，最为人熟知的即是光绪丙午年和丁未年制的大清金币。但这两种金币皆为试制性质的黄金货币，铸额极少，未正式发行流通。

清代真正流通使用的黄金货币实乃光绪三十四年（1908 年）在新疆省铸造的“饷金一钱”“饷金二钱”机制金币。当时新疆省驻军靠内地协饷，因协饷不足，便利用新疆多产金砂，请奏中央铸造金币，恩准后即制作了此两种金币，合计五万零一两三钱三分。现各大拍卖行常见此两种金币上拍，价格也不算太高。

（七）民国期间的黄金货币

民国初期货币政策基本延用前朝，以白银为本位。虽临时政府曾制定《币制纲要》，并铸造了孙中山开国纪念一元银币，但民间商品交易还是银两、银元并存，一定程度上银两使用的范围要大于银元，这种现象直到 1933 年的“废两改元”才彻底改变。

通商银行一两金饼

1919 年，云南都督唐继尧曾发行有其正面头像的拥护共和纪念金币两枚，分别为“当银币伍元”“当银币拾元”。该种金币发行量不大，虽为纪念币性质，实为流通币，存世量还是比较多的。

民国期间，天津、南京、上海的中央造币厂、造币总厂都曾经利用银元、纪念币的钢模，各自铸造了少量的金币，可称之为银元版金币，主要用来纪念或收藏。这些少量与银币同款的金币，主要品种大多集中在各款军阀币上，如袁世凯共和纪念币，徐世昌、段祺瑞、曾琨等纪念币章。部分钱庄和银行曾委托银楼仿制古代金饼及清代元宝银锭，制作成礼品以赠送客户。另外，还有孙中山开国纪念币。

湖南宝兴矿业银行二两金锭

烟台鼎义银号金锭

庆丰上足赤金条

沈正和余记上加赤金条

杨庆和甲天足赤金条

盈丰余焓赤金条

上海祥和壹两足赤金条

中央造币厂造半两厂条

1935年，国民政府实施的法币政策规定，凡持有黄金、白银现货者应向国家银行兑换法币。规定由政府集中收购黄金、白银，禁止市场买卖、流通。

解放战争时期，国民党继续实行恶性通货膨胀政策，币制陷于极度混乱，黄金执行起部分的货币职能。市场上的大宗贸易，包括买卖房屋、地产、机器设备甚至古董，都以黄金计价，成交时就付黄金。黄金价值较大，虽然不是理想的流通手段，但黄金有其较好的支付功能和贮藏功能，可用于保值，更成为投机的重要对象。由于纸币急剧贬值，物价快速上涨，流通的纸币变成了一张废纸，至此，金条便执行起部分的货币职能，其现象一直延续到国民党政府的垮台。

（八）黄金制品的红色印记

目前，老金条上的红色印记，大部分集中在东北地区，发现有“关东银行”一两金锭，“沈阳东北银行哈生金银经理处”十两金条，“沈阳东经”一两背五星党徽金锭，和部分盖有镰刀铁锤图案的金牌。红色银行的金条发现极罕，“沈阳东经”一两金锭有大量存世，证明这些一两金锭在当年东北解放区曾大量流通使用。

沈阳东经足赤党徽金锭（正面、背面）

（九）历代钱文形黄金货币

历代钱文形黄金货币，如金五铢、金开元通宝、五台山金淳化元宝佛像钱、金太平通宝、金宣和通宝、金政和通宝、金绍兴元宝、金隆兴通宝、金乾道元宝、金天启通宝背“金”记重、金西王赏功、金天聪通宝、金康熙通宝、金乾隆通宝、金嘉庆通宝、金咸丰通宝当十、金太平天国背圣宝等钱文形非正用黄金货币，历代不少专家学者已有专文论述，本书不再加以另述。

党徽对金牌

2

民国时期的特殊货币——金条

一、金业交易所与标金交易

（一）上海金业交易所的演变

上海金业交易所由上海金业公所改组而来，上海的金业行业开始于清光绪初年（1875 年）。当时，上海有大丰永、同丰永、天昌祥等数家金号，主要承办清皇宫修理金饰需用的金箔。到光绪中叶，上海已有几十家金号，这些金号尚未形成统一的行业公所。清光绪二十八年（1902 年），金业商人集资租赁仁记路（今滇池路）一处房屋作为金业交易固定场所，并拟定了一些交易规则，开始进行定期买卖。在上海黄金交易初具规模后，黄金行业为了谋求同业之间的共同利益，发起组织金业公所。清光绪三十一年（1905 年）金业公所及附属金业商会成立，加入公所的金号有 30 余家。所址设在山西路北无锡路铸范里，铸范里为老式石库门房屋，公所范围在南无锡路上东界，为今 30 号、40 号、42 号，北无锡路上为铸范里 43 号。至今，“金业公所”界石仍清晰可见。金业公所成为上海正式的金业交易场所，一时间炒金客蜂拥而至，南北无锡路一带人头济济，金业公所终日门庭若市。

天昌祥金号（正面）

清光绪三十三年十月（1907 年），上海金业市场发生风潮，大炒家联手从中兴风作浪，黄金价格大起大落，中小炒金客因此倾家荡产。上海金号因做定期买卖，致使破产倒闭甚多，一般炒金客损失极为惨重。黄金风潮的诱发原因是印度金矿工人发起罢工，一时间印度赤金的来源断绝而直接波及上海的金货市场。由于罢工影响，印度赤金上市量骤减，即刻引起金价陡升、银价狂泻。上海黄金价格从开盘每条 335 两抬升到 345 两余。一日之中开盘价与收盘价每条黄金竟上涨白银达 10 两之多，整个市面为之牵动。于是，清政府明令禁止金业买空卖空。由于清政府干预黄金的买空卖空，铸范里的金业公所只能停止交易，改作同业开会场所。金业同业为了继续交易，金业公所的地址几经变迁。先在江西路 10 号的英国麦加利银行，重新开设新的金业商会，后又迁到黄浦滩路 15 号的华俄道胜银行大楼，不多久又迁到二马路上（今九江路）。到民国初年，上海的黄金市场在国内外已经具有举足轻重的影响。

1920 年前后，上海掀起了一股成立交易所的热潮，上海金业界也不甘寂寞，由施善畦、徐补荪等人发起，金业同业将金业公会改组为上海金业交易所。

天昌祥金号（背面）

1919年12月获北洋政府农商部批准，1921年9月12日成立，同年11月13日开业，上海金业交易所在九江路正式开张。改组后的金业交易所专门买卖矿金、块金、各国金币和标金，以标金为主要对象。交易方式分为现货和期货（定期），其中期货又占了极大部分。等到交易所风潮过后，大部分金业交易所歇业或倒闭，仅存上海金业交易所和上海证券物品交易所两家继续交易黄金。其中，上海金业交易所经营情况较好，标金买卖数逐年增长，1924年标金买卖总额达2870万条，1925年达4689万条，1926年达6232万条。1926年仅上半年佣金收入达到50.4万元，纯收益31万元。当时上海金市以金业交易所为中心。

根据国民政府1929年10月颁布的《交易所法》规定，同种物品交易所一区一所为限，上海证券物品交易所和上海金业交易所经过几年多次谈判，达成协议，1934年9月15日，上海证券物品交易所金业部正式并入上海金业交易所。自此，上海金业交易所成为上海滩唯一的黄金交易市场。上海金业交易所不仅对全国各地辐射很强，对远东地区乃至全世界都有重大影响。全国各地的金市均以上海的金价为依据标价，上海金业交易所的价格每天还要分别发电给伦敦、巴黎、东京、孟买等世界各大金融市场。

1937年7月，抗日战争全面爆发。8月13日，上海金业交易所被迫关闭。1940年，天元银号的章桐生为扩大黄金市场，联合沪西“闻人”潘三省组建金业联易公司，并于当年8月24日在中央路（今沙市一路）26号对外营业，“联易公司”下辖有40家经纪公司。

1941年，上海特别市组织“黄金特税征收委员会”，指定“联易公司”下辖的40家经纪公司代征黄金买卖交易税，按交易数款负责代征特税千分之五，由双方各半负担。至此黄金交易成为“合法”，直到1945年8月日本投降。抗战期间，上海黄金交易虽然频繁，但已无集中交易市场，而是分散在一些金号进行。如祥和、天元、义元、祥兴永、裕兴永、公和、万丰等。

（二）标金交易

19世纪末，西方国家大多以黄金作为本位。中国作为银本位国家，对外贸易收支需以银折金或以金折银，受金银币价涨落影响，商人常须冒外汇行市涨落的风险。为避免风险，遂产生了可以预选购买标金的交易方法，作为外汇收支的保障，这便是上海黄金市场产生的客观要求。金业交易所规定买卖的黄金有国内矿金，各国金块、金币，标金和赤金四种。平时实际交易以标金为主，故上海的黄金市场也被称为标金市场。标金分上海标金、天津标金、北京标金三种，交易以上海标金为主。上海标金又分小条、大条两种。小条重漕平十两，大条重漕平七十两。1928年，度量衡制度改革后，标金以市平计算。市平一两合漕平0.825两，合公衡31.25克。小条和大条标金成色均含纯金千分之九七八。

标金市场交易用的十两小条标金，存世十分罕见。目前仅发现十根左右，

福泰亨贞记标金计数折

且大多在人民银行的专用库房内。上海标金市场交易用的十两标金，远不如同为十两的上海炤赤十两大条存世量大。个人以为，原因有二。一是标金大部分以期货交易为主，不需要准备大量的标金现货。二是上海标金成色为千分之九七八，相对于同时期的上海炤赤和天字足赤皆为千分之九九零，相比之下标金成色明显偏低，市场上难以直接使用和流通，必须重新销熔加以提炼才能被市场接受。因此大部分现货十两小条标金本来市场上不多，后又被不断熔炼成其他黄金制品，这也造成了十两小条标金存世罕见的状况。

而专供出口用的七十两大条标金至今没见到实物。七十两大条标金本来就是金业交易所在第一次世界大战后专为方便世界各国交易和结汇所生产，且七十两大条标金交易后全部装运至国外再熔炼。第二次世界大战前夕，国民政府全靠借外债维持财政支出，七十两大条标金也停止熔造，所以很少再有七十两大条标金出口，这也造成了资料上反复有七十两大条标金记载，而最终见不到实物的原因。

民间虽偶有十两以下带有“标金”戳记的金条存世，但根据金业交易所交易规则，标金交易以“平”为最小规则，每平为五条漕平十两的标金金条。故上海金业交易所场内交易标金金条必定以此为标准。因此民间所见非标标金金条应是金号或银楼出售的黄金制品品种，毕竟排名世界第三的上海标金市场，其标金品牌效应还是显著的。

根据1932年上海金业同业标金交易规则一：同业兑换买卖赤金、标金、荒金、沙金等名目繁多，金色各异，素照销行各国九七八成色之上海同行标金市价为主，以每金一条计重漕平七十两，其价格十两起算。

标金交易规则八：如欲将他项金货或同业标准金抵交解上海通行标金者，以观该金色高次，当面议另订。如日本现金元抵解上海通行标金，每标金十两以日洋 480 元折合，另贴费元 4 钱 5 分，照上海通行标金同样收受。

可见，上海标金场除交易十两、七十两标金外，还在上海金交所同业间大量交易其他各类黄金及日本现金元等，以赚取交易手续费之外的其他费用。此时标金仅视为非标准黄金的一般等价物，用来折算九七八成色的上海通行标金。

另外，部分钱庄、银号和银行也会代理参与生金银买卖。

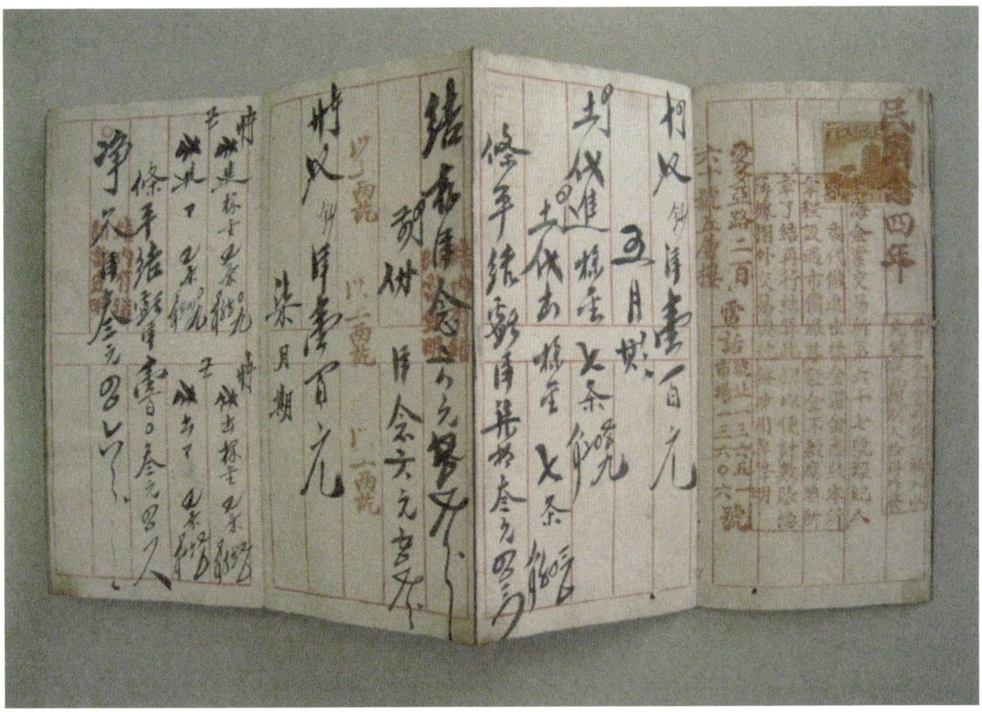

福泰亨贞记标金计数折内页

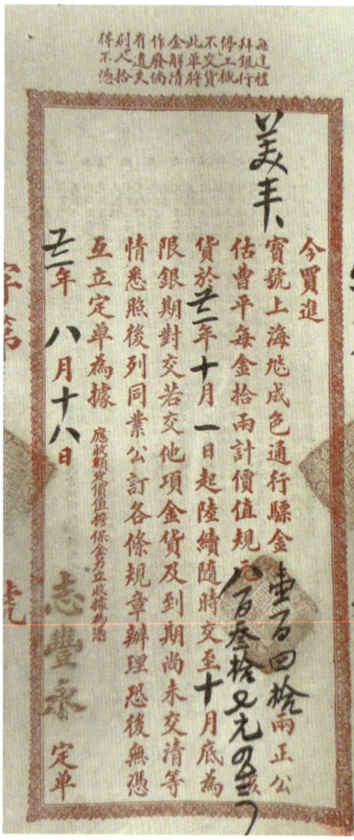

今買進
美豐
寶號上海旭成色通行驃金　兩正公
估曹平每金拾兩計價值規元
貨於廿一年十月一日起陸續隨時交至十月底為
限銀期對交若交他項金貨及到期尚未交清等
情悉照後列同業公訂各條規章辦理恐後無憑
立定單為據
廿一年八月十八日
志豐永　定單

标金买进定单

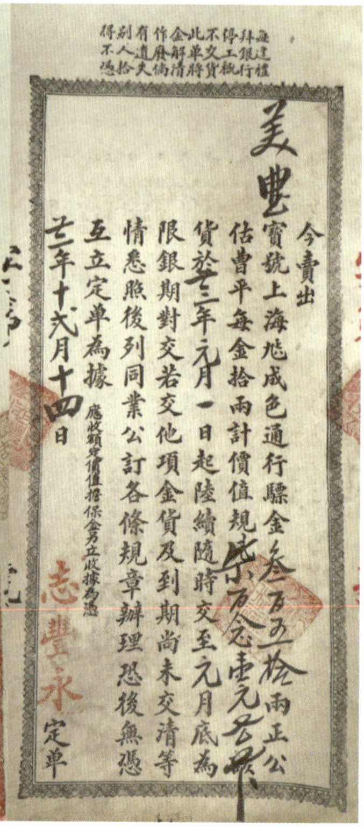

今賣出
美豐
寶號上海旭成色通行驃金　兩正公
估曹平每金拾兩計價值規元
貨於廿二年元月一日起陸續隨時交至元月底為
限銀期對交若交他項金貨及到期尚未交清等
情悉照後列同業公訂各條規章辦理恐後無憑
立定單為據
廿一年十弍月十四日
志豐永　定單

标金卖出定单

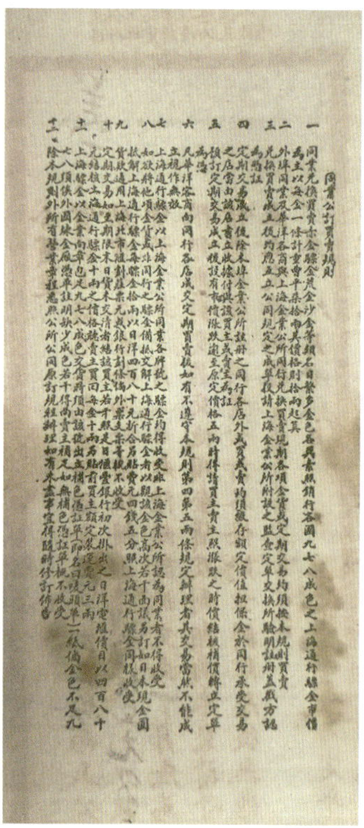

同業公訂買賣規則

1932 年上海金业同业公订标金买卖规则

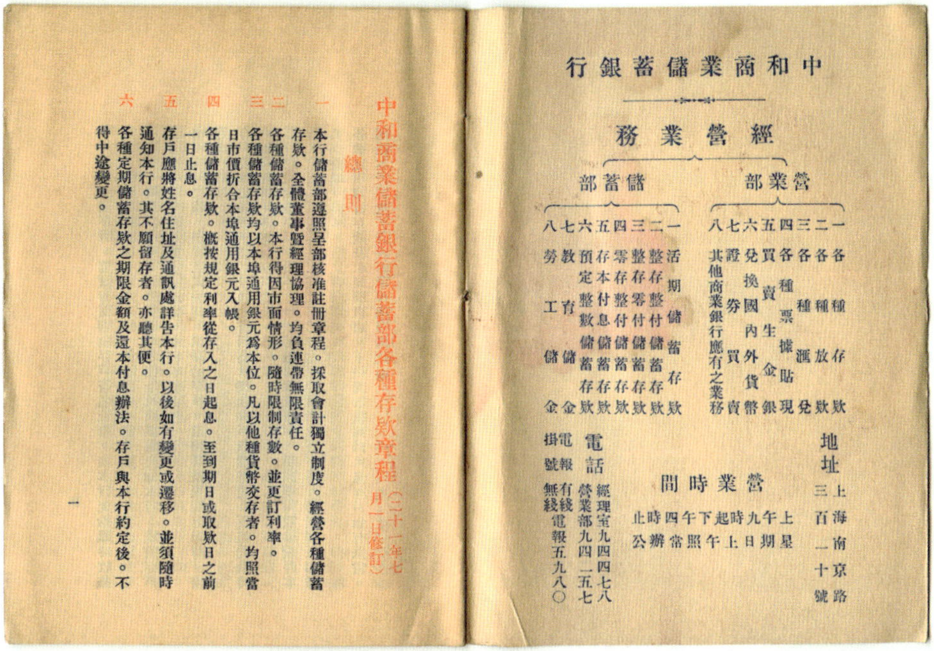

中和商業儲蓄銀行儲蓄部各種存欵章程（二十一年七月一日修訂）

總則

一 本行儲蓄部遵照呈部核准註冊章程。採取會計獨立制度。經營各種儲蓄存欵。全體董事暨經理協理。均負連帶無限責任。

二 各種儲蓄存欵。本行得因市面情形。隨時限制存數。並更訂利率。

三 各種儲蓄存欵均以本埠通用銀元爲本位。凡以他種貨幣交存者。均照當日市價折合本埠通用銀元入帳。

四 各種儲蓄存欵。概按規定利率從存入之日起息。至到期日或取欵日之前一日止息。

五 存戶應將姓名住址及通訊處詳告本行。以後如有變更或遷移。並須隨時通知本行。其不願留存者。亦聽其便。

六 各種定期儲蓄存欵之期限金額及還本付息辦法。存戶與本行約定後。不得中途變更。

一

中和商業儲蓄銀行

經營業務

營業部

一 各種存欵
二 各種放欵
三 各種滙兌
四 各種票據貼現
五 買賣生金銀
六 兌換國內外貨幣
七 證券買賣
八 其他商業銀行應有之業務

儲蓄部

一 活期儲蓄存欵
二 整存整付儲蓄存欵
三 整存零付儲蓄存欵
四 零存整付儲蓄存欵
五 存本付息儲蓄存欵
六 預定整數儲蓄存欵
七 教育儲金
八 勞工儲金

地址 上海南京路三百一十號

營業時間 上午九時起下午四時止 星期日上午照常辦公

電話 經理室九四四七八 營業部九四一五七

電報掛號 有綫無綫五九八〇

民国二十一年中和商业储蓄银行经营生金银买卖

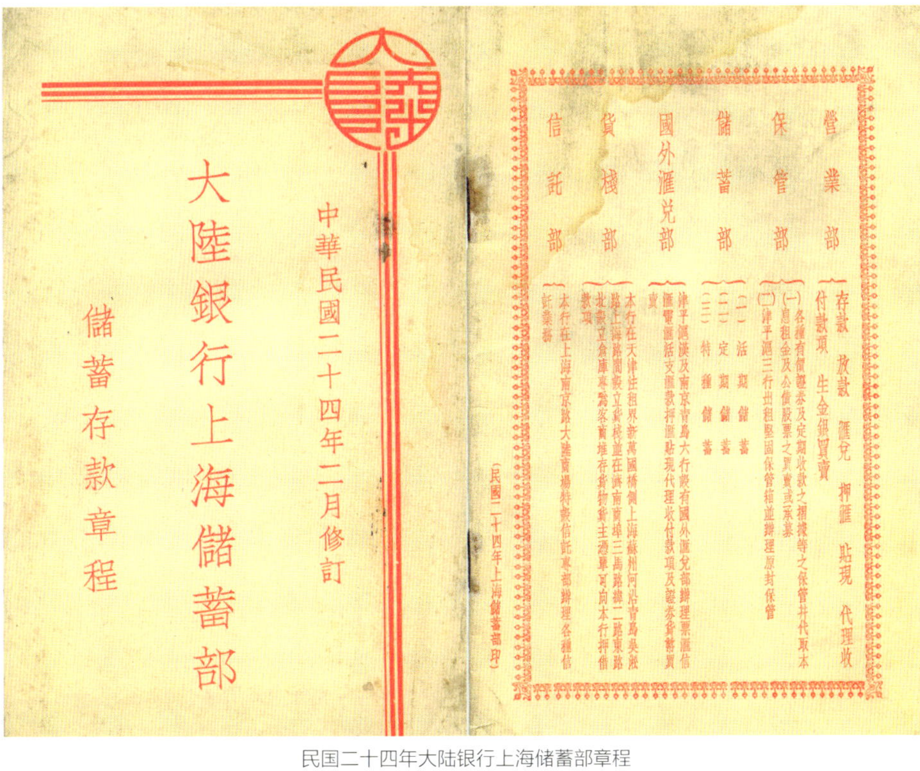

中華民國二十四年二月修訂

大陸銀行上海儲蓄部

儲蓄存款章程

營業部 存款 放款 滙兌 押滙 貼現 代理收付款項 生金銀買賣

保管部 (一)各種有價證券及定期收款之摺據等之保管并代取本息租金及公債股票之買賣或承募 (二)津平滬三行出租堅固保管箱並辦理原封保管

儲蓄部 (一)活期儲蓄 (二)定期儲蓄 (三)特種儲蓄

國外滙兌部 津平滬漢及南京青島大行設有國外滙兌部辦理票滙信滙電滙活支滙款押滙貼現代理收付款項及證券貨幣買賣

貨棧部 本行在天津法租界萬國橋側上海蘇州河沿青島吳淞路上海路間設立貨棧並在濟南商埠三馬路緯一路東路北設立倉庫專爲客商堆存貨物貨主憑單可向本行押借款項

信託部 本行在上海南京路大陸商場特設信託專部辦理各種信託業務

（民國二十四年上海儲蓄部印）

民国二十四年大陆银行上海储蓄部章程

二、法币折合黄金存款

这是一张中国农民银行的“法币折合黄金存款”存单，存单非常精美，品相完好。存单上存款人为崔玉亭，金额为法币壹拾万元，存入时间是 1945 年 1 月 23 日，期限为半年，利率为周息 4 厘。存单上约定到期后支付实物黄金伍两，到期不提取不付利息等。奇怪的是在存单的背面盖有“献金弍两，实收黄金叁两”的便章。在那个年代，由于国民党政府实行了所谓法币政策，利用法币来进一步垄断全国经济，搜刮人民财富，因而通货膨胀不断。有谁会思想境界那么高，自愿献上金灿灿的黄金呢？笔者经过查阅多种相关资料，原来，这张看起来毫不起眼的银行存单，竟然隐藏着一个轰动一时的黄金大案。

黄金在解放前本来是一种商品，国民政府时常发文限制其货币属性。由于法币无限制发行，通货膨胀，币值猛烈下降，黄金就成了人们心目中一种最可靠的价值标准。官僚、军阀及投机者靠买卖黄金发财致富，少数市民借购买黄金保持财产。广大百姓在国民党政府对黄金忽而禁止、忽而抛售、忽而宣布国有、忽而自由买卖的反复无常的政策下，受着金价与物价双重压迫，过着悲惨的生活。

1943 年 6 月 4 日，当时在重庆的国民党财政部公布，准许人民自由买卖黄金。同时，中央银行将其所存黄金，暗地里委托官僚资本的中国农民及中国国货两大银行在市场上抛售。最初，因为中央银行掌握的黄金很有限，通过中国农民及中国国货两大银行抛售现货，不久即告断档。后来不得不采用期货的办法，即购买黄金的人，先按中央银行牌价向两行交款订货，然后陆续交货。1944年9月又开办了“法币折合黄金存款”业务。

因为黄金牌价经常调整，而每次调整都是由财政部决定后，再通知中央银行执行，所以事先总有一些人知道消息，从中套购。其中最轰动一时的就是财政部总务司长王绍斋套购黄金案件。这事发生在1945年3月29日，当时，黄金牌价由每市两22000元一下子调整为35000元，提高了59%。王绍斋事前获悉此消息，在前一天挪用公款订购了一批黄金，想赚取差价。但世上没有不透风的墙，也可能是王的方法不怎么高明，不知在什么地方露了马脚，总之是东窗事发，被上面查办，结果撤去官职，还吃官司判了徒刑。此事闹得满城风雨，差点弄得国民党政府下不了台。

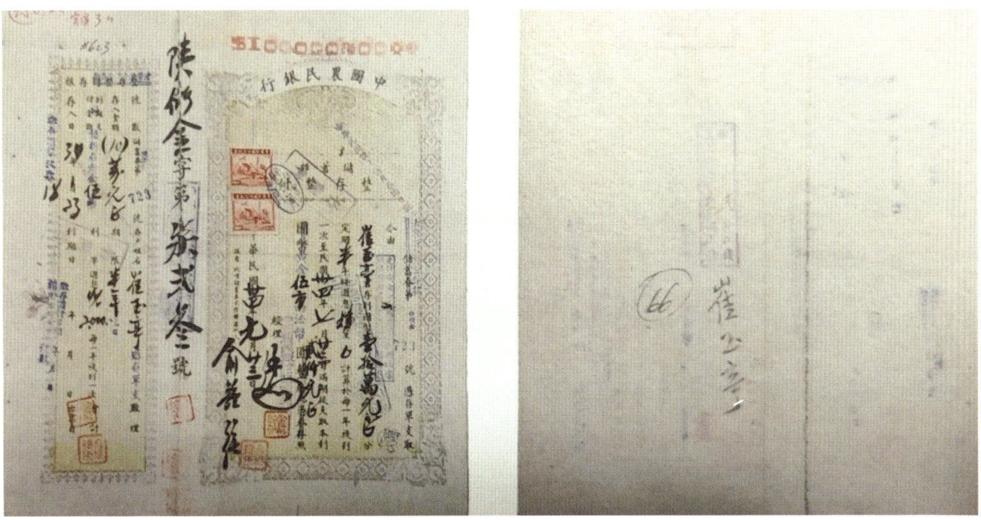

中国农民银行“法币折合黄金存款”存单（正面、背面）

当时，国民党政府在黄金抛售上动足了脑筋，挖空心思来压榨人民的钱财。一是搭发乡镇公益储蓄券，这是变相涨价；二是公开上调黄金的价格，如王绍斋案中的黄金牌价由每市两22000元一下子调整为35000元；三是国民党政府赤膊上阵。1945年7月，宋子文在重庆当上了行政院长，在宣布抗战胜利的前夕，通过了一项规定，凡期货购买黄金一两以上的人一定要献金四成。这简直是强盗行径，明目张胆地掠夺人民的钱财。这张中国农民银行的“法币折合黄金存款”存单，背面盖有“献金弍两，实收黄金叁两”的所谓“献金”，便是这样出笼的。这次国民党政府采用期货方式出售黄金200余万两，兑现时打了六折，等于又捞进了82万余两。

这张中国农民银行的“法币折合黄金存款”存单，经过80年的风风雨雨，能保存到现在是多么的不容易啊！它不仅是一件珍贵的历史文物，更重要的是它揭露了当时的国民党政府的黑暗和贪婪，并为研究近代金融史提供了重要的实物资料。

三、金条作为国民政府垮台前的特殊货币

（一）国民政府时期两大货币政策

1. 废两改元

银两是我国历来通行的货币单位。宋代以来，银两就已经是政府财政收支最重要的货币单位。银两制度的“两”，

清代银两锭

原本是衡量单位，而不是货币的名称。但长久以来，白银一直用“两”作为重量和计算单位，久而久之，便成为白银货币的名称“银两”。清代银两则是在清政府大力提倡“用银为本、用钱为末”的情况下迅速发展起来的。清代末年，中国开始大面积使用银元，但在国家税收、皇室开支、军费支出、战争赔款等方面依然是银两唱主角。清政府还规定：征税额在一两以上的必须收取白银，政府会计核算也以银两为单位进行计算，这种状况一直沿续到民国时期的“废两改元”。

清代双排上海泰亨源五十两银锭

1933年，国民政府颁布了两项条例，由上海中央造币厂铸造银本位币，结束了各省份铸银元的局面。孙中山像三鸟银币是国民政府放弃金本位币制、确定银本位币制，公布“铸造条例草案”前夕发行的第一种“船洋”银币，曾被国民政府财政部定为国币。该银币正面图案是孙中山侧面像，银币正面中央镌孙中山侧面头像，上边缘镌“中华民国二十一年”八字；背面中间为一艘双桅帆船，左右记值壹圆，船帆上面有三只水鸟在天空飞翔，帆船的右侧海面上镌海上日出和九条芒线。银币正式发行流通后，因为银币背面图案中的太阳和高飞的三鸟容易使人联想到侵略中国的日本和日本军机轰炸中国领土之意，所以，三鸟银币开始铸造不久就停铸了。国民政府在人们的声讨之下，收回三鸟币并且停止其流通以后，还需要发行新版银币来替代三鸟币，于是中央造币厂继续以孙中山像为正面主图，背面图案在双桅帆船的基础上，去掉了三只飞鸟和太阳，重新铸造银币。当时铸造了中华民

江苏咸丰九年五两银锭

民国二十一年三鸟币

国二十二年和中华民国二十三年的一元银币，该种银币制作工艺精良，成色统一，发行流通以后，因为其后面的图案只有帆船，所以人们俗称其为船洋，是继北洋政府所铸造的袁世凯头像银币之后，在我国流通较为广泛的银币。

而孙中山像三鸟银币，俗称“三鸟币”，因其铸造时间短，铸额小，传世稀少，殊为珍贵，具有较高的研究和收藏价值。该币的直径是 3.94 厘米，重量 26.697 克，成色 88%，含纯银 23.49 克，对研究废两改元时期的货币，提供了极其宝贵的实物资料。

中国币制长期混乱是国民政府垄断金融过程中首先要解决的问题。于是，1933 年 3 月 2 日，国民政府财政部发布《废两改元令》：规定上海市面通用银两与旧有一元银币，以规元七钱一分五厘合银币一元为换算率，并自 3 月 10 日起施行。换算率为：银本位币一元含纯银 23.493448 克，合上海银两（纯银）0.715 两。3 月 8 日，财政部颁布《银本位币铸造条例》。条例规定：银本位币专属中央造币厂铸造，定名为“元”，重量 26.6971 克，银八八铜一二，含纯银 23.493448 克；银本位币一元等于 100 分，一分等于 10 厘；银本位币的重量成色公差不得超过 3‰，旧有的一元银币符合原定重量成色的，在一定期限内与银本位同样行使；请求中央造币厂代铸银本位币，加纳铸费 2.25%。

“废两改元”在货币发展史上有其重要的意义，具体表现为：

（1）“废两改元”废除了落后的银两制度，结束了白银作为秤量货币使用的历史，经历了千余年的银两制在全国范围内终被废除，改善了中国通货市场的紊乱状态，符合货币发展的客观规律。

（2）“废两改元”标志着中国实现了银本位制度，实现了在全国范围内通行形状、重量和成色划一的银元，大大简化了货币种类，在统一币制上迈出了重要的一步，在技术上也为法币改革铺平了道路。

（3）“废两改元”确立了银行业在中国金融体系中的主体地位，同时也促进了工商业的极大发展。银行借“废两改元”，在经营上得到很大拓展，而钱庄则因“废两改元”丧失其传统的业务优势，这种变化有利于中国经济的发展。

（4）“废两改元”有利于商品流通和经济生活的活跃，并适应了经济生活的发展需要；对于商品交换、全国统一的商品市场、货币流通市场的形成，具有积极的意义。

2. 法币政策

1933 年 12 月，美国政府颁布了《银购入法》，1934 年 5 月又颁布了《白银法案》。其要点为：（1）提高白银价格，国内每盎司价为 0.645 美元；（2）美国货币的准备金为金 75%、银 25%；（3）财政部长有权在国外购银；（4）白银收归国有，总统有权命令国内存银全部交造币局。此外，美国政府还宣布美元贬值，放弃金本位，禁止黄金和白银出口，减少美元含金量 60% 等。上述法案和一系列政策，统称为“白银政策”。

美国的白银政策造成中国大量白银潮水般外流，1934 年净流出白银 25673 万元，1935 年达 29000 万元。致使中国存银严重下降，银根奇紧，金融梗塞，

中央银行法币伍元手绘样稿

中央银行法币贰十伍元手绘样稿

中央银行法币伍佰元手绘样稿

物价下跌，工商各业资金周转困难，银行、钱庄、工商业纷纷倒闭、停业。币制改革被提到议事日程。

1935 年 11 月 3 日，财政部颁发《施行法币布告》，其主要内容如下：

（1）1935 年 11 月 4 日起，以中央、中国、交通三大银行所发行之钞票定为法币。所有完粮纳税及一切公私款项之收付，概以法币为限，不得使用银元，违者全数没收，以防白银之偷漏。

（2）中央、中国、交通三大行以外，曾经财政部核准发行之银行钞票，现在通行者，准其照常行使。其发行数额，即以截止 11 月 3 日为止流通之总额为限，不得增发，由财政部确定限期，逐渐以中央银行钞票换回。三大行之外的八家华商银行的发行权被取消。次年 1 月宣布农民银行钞票亦称法币。

（3）法币准备金之保管及其发行收换事宜，设发行准备管理委员会办理。

（4）凡银钱行号商店及其他公私机关或个人，持有银本位币或其他银币生银等类者，自 11 月 4 日起，于三个月内，交由发行准备委员会或其指定之银行，兑换法币。

（5）旧有以银币单位订立契约，应各照原定数额于到期日概以法币结算收付。

（6）为使法币对外汇价稳定起见，应由中央、中国、交通三大行无限制买卖外汇。

法币政策的作用：法币政策的实施，是中国近代金融史上的一件大事，影响很大。

（1）法币政策的实施，有利于社会经济的发展。法币流通以后，资金开始松动，利率下降，金融市场趋于安定；物价普遍回升，刺激了生产的复苏。

（2）法币政策的实施有利于国防。日本占领东北以后，实行金融殖民化政策，严管通货，发行伪钞，禁银“出口”，高价收购从内地私运出口的白银，再运往伦敦出售，用以购买军用物资，屠杀中国人民。法币政策的实施，有力地打击了日本帝国主义。

（3）法币政策的实施，对于统一混乱的货币，形成统一的货币流通市场，促进商品生产和商品流通的扩大，也有着重要的积极意义。

（4）法币政策的实施，加强了官僚金融资本垄断体制，加强其对民族金融资本的控制。日后的通货膨胀，法币贬值，使人民遭受损失，无疑是对人民的掠夺。

由于连年战争军费开支巨大，法币滥发造成恶性通货膨胀和严重贬值，于1948年被金圆券取代。

（二）民国时期使用金条作为货币流通的时间

北洋政府时期，由于各地军阀混战，政府无暇对货币政策限制太多。南京国民政府成立后，孙科等请甘末尔等人设计《中国逐渐采行金本位币制法草案》，初定金本位货币价值单位为“孙”（Sun）。耿爱德评价该币制改革方案没被采纳实行，对中国来说未必不是一种幸运。因为当时一些老牌帝国主义如英国等都放弃了金本位制度。美国也在1933年3月，不得不放弃了金本位。所以，在法币政策实施前，政府对黄金的管制是相对温和的。

1935 年，国民政府实施的法币政策规定，凡持有黄金、白银现货者应向国家银行兑换法币。规定由政府集中收购黄金、白银，禁止市场买卖、流通。

转折发生在 1939 年 1 月，国民政府依照法币办法，特增设四联收兑金银办事处，并颁发《收兑金银通则》。收兑金银通则办法规定，各地收兑金银事宜，统由中央、中国、交通、农民四家银行办理。各地银楼业门市收售，只能以饰品为限。所有金条、金块、金叶子、砂金、矿金，均应归四联收兑金银办事处所属代理机构收兑，其他机构一概不准私自收售。代兑机构所收黄金，应熔制成条并出具水单。如违规即由四联收兑金银办事处报请当地军政机关，对私自收售黄金的金号、银楼、典当等，予以停业处分或没收黄金。因此，我们目前所见的 1946 年以前的老金条，大多是由四联收兑金银办事处在收兑黄金时，收兑机构委托各地银楼所熔制的金条。

近代大规模以黄金作为货币流通的，则是颇具影响和神秘色彩的金条，上海人俗称大小“黄鱼”。

解放战争时期，国民党政府继续实行恶性通货膨胀政策，币制陷于极度混乱，黄金执行起部分的货币职能。市场上的大宗贸易，包括买卖房屋、地产、机器设备甚至古董，都以黄金计价，成交时就付黄金。黄金价值较大，虽然不是理想的流通手段，但黄金有其较好的支付功能和贮藏功能，可用于保值，更成为投机的重要对象。

由于法币一再贬值，宋子文幻想用

买卖黄金、外汇来平衡市价。于是，由行政院颁布《开放外汇管理市场案》《中央银行管理外汇暂行办法》《进出口贸易暂行办法》，其中内容之一是中央银行可斟酌市面行情，随时买卖黄金、外汇来平衡市价。随即中央银行制定了《黄金买卖细则》，1946 年 3 月 8 日，中央银行在上海市场上配售黄金，执行黄金政策。上海开放黄金市场后，中央银行大量输入黄金并合法流通，当时中央银行拥有 9 亿美元外汇和 50 万余条黄金（约合 50 余万两）库存。

在实行黄金政策最初几个月，上海黄金市价波动幅度还比较小，1946 年年底，市面流传中央银行库存黄金即将售罄的消息，造成抢购黄金之风。尽管中央银行孤注一掷，大量抛售黄金，但黄金涨价风并未平息。1947 年 2 月初，法币的币值一泻千里，黄金价格一日五涨，遂形成抢购黄金风潮。

抢购狂潮迫使中央银行于 1947 年 2 月 15 日正式宣告停售黄金。2 月 16 日，行政院颁布《经济紧急措施方案》，禁止黄金买卖，取缔黄金买卖投机，禁止用黄金代替通货和私人携带黄金，金价冻结。之后上海经济监察团在 10 天之内，没收黄金达 20 万两。

1948 年 8 月 19 日，国民政府炮制出金圆券货币政策，黄金禁止持有。由于金圆券很快就贬值，11 月又颁布法令，允许人民持有黄金，但不准流通。金圆券发行后，旧中国便开始了史无前例的恶性通货膨胀。市民购物须用麻袋、网兜盛装钞票，并要一路疾奔，稍一怠慢，物价就瞬息万变。虽然政府不允许黄金流通，但在如此恶性通货膨胀面前，人们要支付大宗贸易，如租房子、顶商铺等，不可能提着装钞票的麻袋、网兜进行交易，不想使用黄金也难了。

由此可见，抗战后期，为抑止通货膨胀，政府解除金禁，允许黄金自由买卖。刚开始时，人们购金主要是用来投机或规避通货膨胀的风险，金条还未起到货币的支付职能。但由于纸币急剧贬值，物价快速上涨，流通的纸币变成了一张废纸，至此，金条便执行起部分的货币职能。从 1946 年下半年起，到 1947 年 2 月 15 日中央银行正式宣告停售黄金止，是金条起到货币支付职能的最活跃时期。第二个活跃时期，便是从 1948 年 11 月 11 日，颁布了《修正人民所有金银外币处理办法》，一直到全国解放。因此，近代大规模以黄金作为货币流通职能的，其时期是非常短暂的。

方九霞天足赤

金号大丰恒天焓赤

（三）民国金条的种类及使用范围

金号生源永 99 足赤

随着人民解放战争的节节胜利，国民党统治区的范围日益缩小，全国各地游资和通货集中于上海及周边地区越来越明显。纸币的高度集中，加剧了上海及周边地区的物价飞速上涨。抗日战争胜利后，约在 1946 年年初，重庆的中国银行宣告停售黄金。以后，黄金买卖的中心重新转移到上海。

1946 年 3 月 8 日，中央银行在上海市场上配售黄金，采用明配和暗售两种方法配售。“明配”是由各金号、银楼向中央银行申请购买黄金，中央银行按供求情况定出金价及配售数量；“暗售”

金号同丰余足赤

设在上海的国民党政府中央造币厂（1929年）

就是中央银行委托个别金号、银楼随时抛售。

当时，配售黄金的市场代理人是上海金业公会和上海银楼业公会，金号主要经营条金，银楼主要经营饰金。金业同丰余、太康润、大丰恒金号，银楼业方九霞昌记、杨庆和发记银楼共五家负责综核每日申请购金数目。中央银行库存黄金是美国运来的金砖，每块合398.12两，配售时需改铸成十两金条。改铸交大丰恒、宏丰永、生源永、元成永、杨庆和裕发、永祥等金号负责，每条给予三分火耗，金号可从中牟利。

从目前存世的实物金条看，主要分四大类：第一类为中央造币厂铸造的厂条；第二类为上海及周边地区的金条；第三类为北方地区的花生锭；第四类为我国其他少部分地区的金条。

1. 中央造币厂铸造厂条

中央造币厂铸造的厂条分三类：第一类是由重庆中央造币厂、中央造币厂昆明分厂铸造的金条，该类金条上标有民国卅四年、中央造币厂铸字样，存世

厂条中央造币厂壹两（正面）

厂条中央造币厂壹两（背面）

厂条古布五两（正面）

厂条古布五两（背面）

厂条中央造币厂民国卅四年（正面）

厂条中央造币厂民国卅四年（背面）

半两中央造币厂造

厂条半两（正面）

厂条半两（背面）

量较少。第二类是由上海中央造币厂铸造及1949年8月中旬迁台初期后铸造的金条，该类金条成色较高，分十两、五两、三两、二两、一两、半两五等，五两以上有孙中山头像、古布图案，五两以下仅古布图案或中央造币厂铸字样。第三类是由“台湾中央造币厂”在1959年铸造的标有饰金原料字样的金条，该类金条成色较低，也分五等，图案与第二类相同。第一、第二类金条除二两、三两、十两存世较少外，其余存世量都较大。

2. 上海及周边地区的金条

上海及周边地区的金条主要有十两和一两，俗称大黄鱼、小黄鱼。大黄鱼有上海金业公会的金号铸造，如永丰余金号、大丰恒金号等；小黄鱼分金号和银楼铸造，金号有久成永、生源永、大丰恒、祥和等，银楼则主要为当时的著名银楼，上海地区如杨庆和、宝成、凤祥、裘天宝、庆福星银楼等，周边地区如杭州的义源、老天宝银楼等。上海及周边地区的金条名目繁多，数量多寡不一。尤其是十两金条，在不断的熔炼过程中已消耗殆尽，存世极罕。

3. 北方地区的花生锭

北方地区流行市重一两的花生锭。流行地区有沈阳、天津、青岛、锦州等。该种金锭面上有地名、银楼号、加炼、金料等印戳，因此，该类金锭是否作为支付手段在市面上流通，还待商榷。沈阳、天津等还见有十两金条，存世较少。

青岛震华十足赤

4. 其他地区的金条

我国其他少部分地区也有金条流通，比较多见的有甘肃兰州地区的金条，一至十两各种重量都有发现。另外，太原、重庆、百色、九江、南昌、汉口、大连、广州、佛山等地区，也有市重一两的金条流通，这些地名的金条都比较少见。

泰康润烚赤金元宝

（四）民国金条上印戳的考证

金号在出售金条时，金条上的印戳较为简单，一般为金号的名号加上金条的成色。如大丰恒加烚赤、久成永加足赤等。而银楼出售的金条其印戳则复杂多了。根据行规，上海各银楼在出售的金饰和各类黄金锭、条、块上，敲的印戳可分为五个部分，有年代、牌号、暗记、成色和押脚戳。各银楼都有自己的专用印戳，根据九大联行同业公会（银楼界自行组织，因有九块牌子为大同行，每块牌子可同时开三家）规定，不能冒用印戳。大同行之间虽用同一块招牌，但年代、暗记、押脚戳记是截然不同的，如三家裘天宝是“戊裘天宝德”“辛裘天宝礼”“丙裘天宝仁”，再如三家凤祥有“壬凤祥裕”（即现在的老凤祥银楼），“壬凤祥德新记”（俗称新凤祥），还有“乙凤祥和”。各家银楼具体在金条上加盖多少印戳，并没有明确规定，但是金条上名牌号和成色的印戳是绝不能少的。

中央银行在上海市场上配售黄金，是按“九九烚赤”金条计价的。赤金又称烚赤，纯度较高，呈赤黄色。上海的赤金成色标准为99.4%。因此，金号、银楼在出售金条时，金条上的成色印戳有烚赤、赤金、十足赤金、足赤、天足赤、足金等，有的金条上还加上1000或0993等印戳，以重量表示金条的成色。

杨庆和长记天足赤

（五）民国金条的存世情况

1. 中央银行等档案

1948年8月19日，金圆券出笼，国民政府规定以200元比1的比率强行收兑老百姓手中的黄金，禁止任何人持有。据《李宗仁回忆录》：“民国三十七年八月金圆券发行后，民间之黄金、银元及外币为政府一网打进。当时监察院财政委员会秘密报告，全部库存黄金为390万两。”上海解放前夕，蒋介石眼看大势已去，于1948年11月10日密令俞鸿钧：“中央银行总行准备迁驻广州，其重要档案及金银库款，应即分运广东、福建与台湾省切实保存为要。”另据中央银行档案，大规模的南运黄金主要有两次：12月1日装运到基隆的黄金有2004459两（774箱），次年1月装运到厦门的黄金有572899两(151箱)。1949年5月中旬，京沪杭警备总司令汤恩伯将中央银行尚未运走的黄金转移到所谓的“安全地点”，劫运一直持续到5月22日。在上海解放前夕的一段时期中，中央银行由沪运往华南的黄金达340万两。到上海解放时，中央银行的黄金库存已经被洗劫一空，仅剩6180两。

2. 相关解押黄金当事人回忆

伪中央银行在上海解放前夕，把库存黄金秘密运走的情况。第一次是在1948年年底，当时蒋介石已被彻底打垮，不得不宣告下野。他逃亡的时候，指使伪中央银行总裁俞鸿钧将伪央行库存黄金，绝大部分偷运出沪，当时伪央行库存黄金总数约有三百十几万两，俞鸿钧运走的黄金约二百八十余万两。

这次运走的黄金，绝大部分是伪发行局的库存黄金，也就是所谓伪金元券的准备金，偷运时，事前非常秘密。参与这件事的大概只有伪发行局长梁平和发行局极少数人员。据运走次日上海外文报纸所揭露，这部分黄金大部分存在汇丰银行库房，偷运时在深夜，在外滩一带宣布戒严，由汇丰银行库房直接运上码头，用船运走。分别运到厦门、广州、台湾等地，在黄金运走之后，俞鸿钧及伪发行局局长梁平就宣布辞职，相继逃离上海。

在俞鸿钧运走黄金之后，伪央行所存黄金只有三十万两左右，全部存在业务局，作为业务局维持市场用。这时伪央行总裁已有原伪副总裁刘攻芸升任，业务局长由林崇墉继任。在 1949 年 4 月下旬，解放大军渡江后，刘攻芸即逃往广州，上海伪央行业务即由留沪八个局处长组织行务委员会负责处理。

五月中旬，解放大军已经包围了上海。有一天，当时伪警备总司令汤恩伯突然派他的军需人员持公函来伪央行，要强提伪央行存余黄金。伪军需人员直接找到伪业务局长林崇墉，林崇墉就到伪行务委员会和大家商量，当时谁也不敢说什么，就打电报到广州向伪总裁刘攻芸请示，刘攻芸回电照付。次日伪警备司令部即派军队来伪央行将所存黄金提走二十万两，全由业务局库存提走。

第二次运走的黄金，完全存在业务局库房。当时业务局局长林崇墉，副局长有王紫霜、陈述曾、王梁勤等人，主管出纳及库房的襄理陆积成，是伪总裁刘攻芸的亲信，在刘攻芸任伪央行副总裁兼业务局局长时，由伪中央信托局调来。

九大银楼之辛裘天宝天足赤（正面）

九大银楼之辛裘天宝天足赤（背面）

金号盈丰永焓赤

3. 受极“左”时期思潮影响

1966年秋，受文化大革命极“左”思潮的影响，大陆民间仅存的少部分黄金，在文化大革命中，也全部被没收上缴国库，熔炼后被用于工农业生产上。当时，人们视黄金为洪水猛兽，藏有黄金者怕抄家后被定罪，纷纷将所藏黄金抛弃至河道、垃圾箱中。“文革”结束后，所抄物品全部发还，由于黄金仍被禁止拥有和流通，故唯有金条、金饰品，政府是以每两黄金折合人民币95元的价格，归还给被抄去黄金的家庭。

1982年恢复黄金首饰销售后，形成了金饰购买热。那时人们收入普遍不高，1克黄金要花费数月的工资。于是，不少家庭又将目光投向长辈们的箱底，将“文革”中漏网而仅存的一点点黄金，委托国家金饰品商店加工，做成各式K金和镶嵌首饰，以满足人们对金饰品的追求和喜爱。

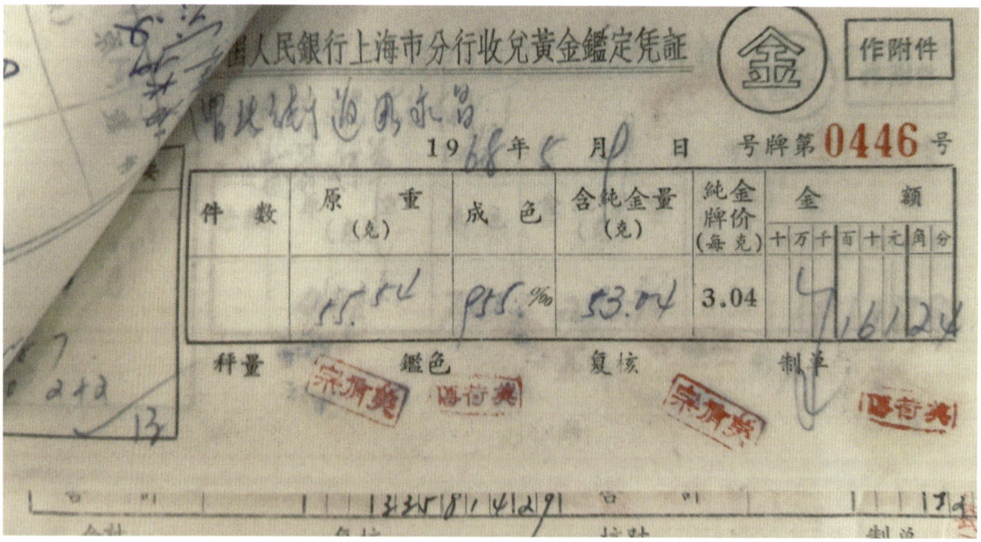

抄家收兑黄金鉴定凭证

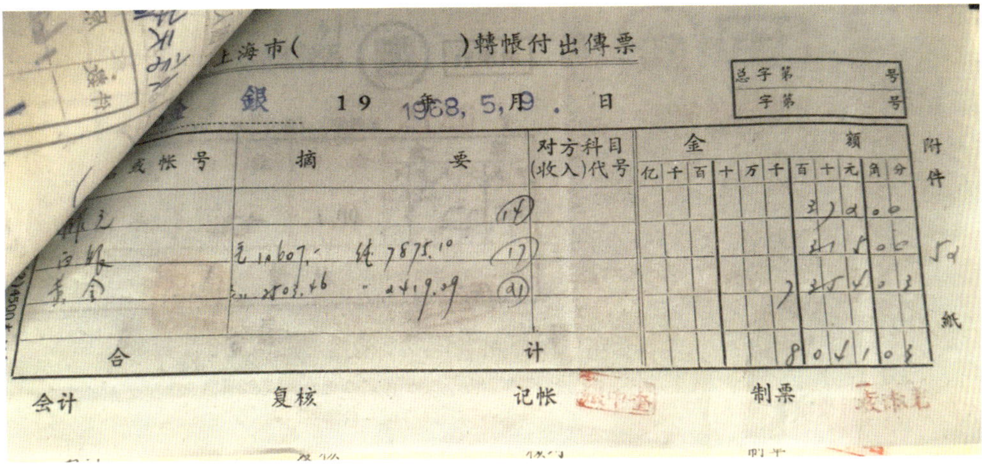

抄家收兑黄金付出传票

由此可见，民国时期的金条，经过上述几次的大规模劫难，存世量已稀如星凤。由于金条本身性价比较高、价值大、存世少，故2000年以前，国内对民国时期的老金条，极少有学者作主题研究。

（六）如何鉴定民国时期的老金条

近几年随着国际贵金属价格的飙升，许多投资者都将眼光放到了黄金白银上，特别是购买投资类金条成为了个人投资理财的一部分。在艺术品拍卖市场上，投资者可以从金银锭拍卖专场上寻觅到类似拍品，也可以在古玩市场上淘到民国时期的老金条。

从目前的拍卖市场上来看，早期的黄金货币价格已经达到了一个比较高的价位，特别是在2010年以后，一系列的拍卖高价位在市场上出现：如，2010年代在北京诚轩的春拍上，一枚南宋25两金铤（切半），成交价达到了21.45万

宝成辛（正面）

宝成辛背中（背面）

裘天宝壹两金条

上海祥和福金条

假金条

假金条假金锭

元；在中国嘉德的春拍上，元代王开权铺五两金锭，估价 4 万元，成交价达到了 15.4 万元。对于普通投资者来说，与其追逐这些高价位的拍品，不如关注一下清末民初期间的金条。

目前，在拍卖市场上所见的金条，以清末民初期间留存下来的居多。由于清以后，金条在铸造、称量、具名及形状等方面较为规范，因此，对于投资者来说金条的真伪鉴定相对比较简单。

清末民初期间留存下来的金条，主要是由金号、银楼和中央造币厂熔铸的。金号主要经营条金；银楼主要经营饰金及改铸从美国运来的 400 盎司金砖，每条给予三分火耗，并从中牟利，银楼也经营金条；中央造币厂则负责生产厂条。

解放前，各银楼在出售的金饰和各类黄金锭、条、块上敲印戳，敲的印戳分为五个部分，有年代、牌号、暗记、成色和押脚戳。各银楼都有自己的印戳，不能冒用他人印戳。大同行之间虽用同一块招牌，但年代、暗记、押脚戳记是截然不同的。金号在出售金条时，金条上的印戳则简单多了，一般为金号的名号加上金条的成色。

虽然清末民初期间的金条在铸造、称量、具名及形状等方面较为规范，鉴定也相对较为容易些，但是不能说清末民初期间的金条就没有赝品。以笔者之经验，主要从以下几个方面辨伪。

1. 金条形制的辨伪

各地的老金条在形制上是不同的。一般来说，东北地区的壹两金条做成花生形状，俗称花生锭。如沈阳、青岛、天津等地。南方地区做成圆形或不规则

假金元宝

的饼状，且大多是壹两和半两的小金锭。如广州、佛山、澳门等地。江南一带则做成条形状，这些黄金货币色泽金光闪闪，民间俗称“黄鱼”，壹两的称“小黄鱼”，拾两的称“大黄鱼”。

2．金条工艺的辨伪

除中央造币厂的厂条大多是用半自动机器生产的，其他老金条都是手工浇铸的。与银锭不同，手工熔铸的金条底部光滑整齐，没有蜂窝状，两侧也无麻线状条纹。而厂条两侧底部则有机器切割后人为掰断的痕迹。手工浇铸金条是工人们先用小坩埚熔化了经提纯并称好分量的足赤金块，再将金液浇入预烤热的铁模。为了防止金条“缩孔”，金液

造假钢戳

得分次浇铸，然后再压刻上图案和相关标记，让铸成的金条慢慢冷却，形成自然的面包状。虽然工艺繁复、费工费时，但手工冶铸的金条外形饱满，表面具有黄金的肌理感，图案也显得更为古朴。

3. 金条印戳的辨伪

清末民初期间的金条，虽然大多是民间金号、银楼手工熔铸的，却也代表了当时制作的最高水平。这些经历了近百年时间沧桑的老金条，如今看来仍然是金光闪闪，耀眼炫目。尤其是金条上的汉字印戳，其时代特征格外明显。金条上的印戳汉字都为阳文楷书，字体肥腴，字与字间隔极小。代表金条编码、成色的阿拉伯数字一般则为阴文。

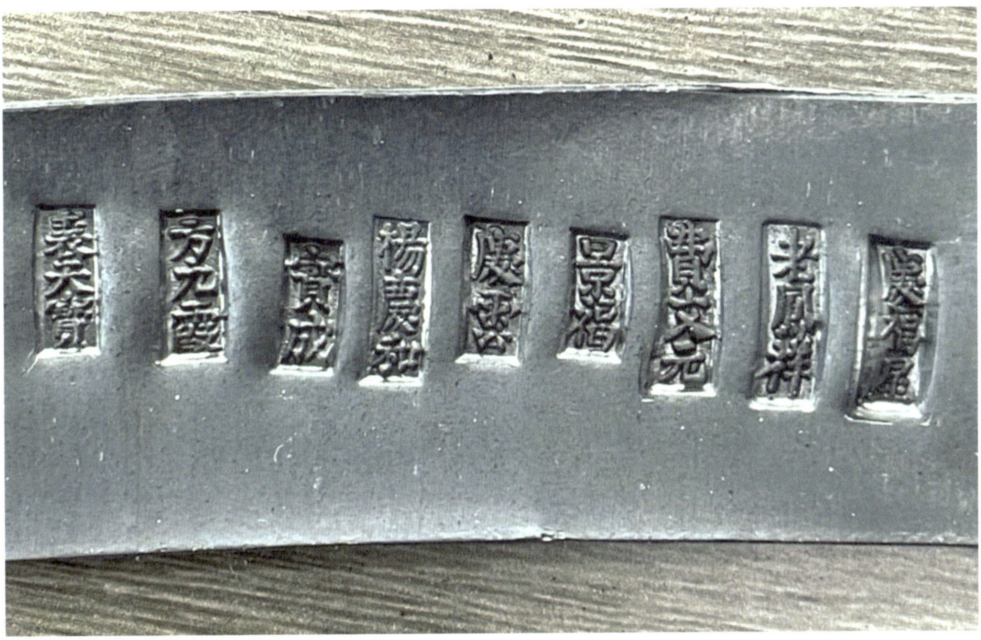

造假钢戳印记

4. 金条成色的辨伪

赤金又称炝赤，纯度较高，呈赤黄色。我国过去各地的赤金成色标准不一，在抗日战争之前，天津规定赤金成色为99.6%，上海为99.4%，北京为99.2%。中央银行在上海市场上配售黄金，是按“九九炝赤”金条计价的，赤金成色标准为99.4%。因此，金号、银楼在出售金条时，金条上的成色有炝赤、赤金、十足赤金、足赤、天足赤、足金等，有的壹两金条上还加上1000或0993等印戳。

3

近代黄金货币（金条）的种类及成色表述

一、近代黄金货币（金条）的种类

（一）上海小条

上海小条俗称小黄鱼，大多为一两重的金条。1927—1933 年，市面上曾有过 2 两、5 两的金条，但存世极少，偶见也有半两金条。现存世的上海小条，大部分是从抗战开始，一直铸造到解放前为止。上海小条分两大类，一类为金号所制，主要有同丰余、同丰永、上海祥和、天昌祥、东来顺、福昌永、同丰裕、宏丰永、久成永、生源永、泰康润、大丰恒、裕兴永、协兴永、庆发永、鸿兴永、永兴、德泰、庆丰、裕发永、盈丰恒、盈丰永、盈丰、永丰、永丰余、大德成、永康顺、义成永等；另一类为银楼所制，主要有上海九大银楼：庆云、景福、宝成、裘天宝、杨庆和、方九霞、庆福星、费文元、老凤祥。其他上海中小银楼也熔铸了不少上海小条。

方九霞双排天足赤

凤祥福足赤（正面）

新凤祥天足赤

凤祥福足赤（背面）

王庆云上足赤

景福天焓赤（正面）

费文元裕记天足赤

景福天焓赤（背面）

宝成辛丰记天足赤（正面）

裘天宝丙天足赤（正面）

宝成辛丰记天足赤（背面）

裘天宝丙天足赤（背面）

杨庆合天足赤

庆福星天足赤

老凤祥上足赤

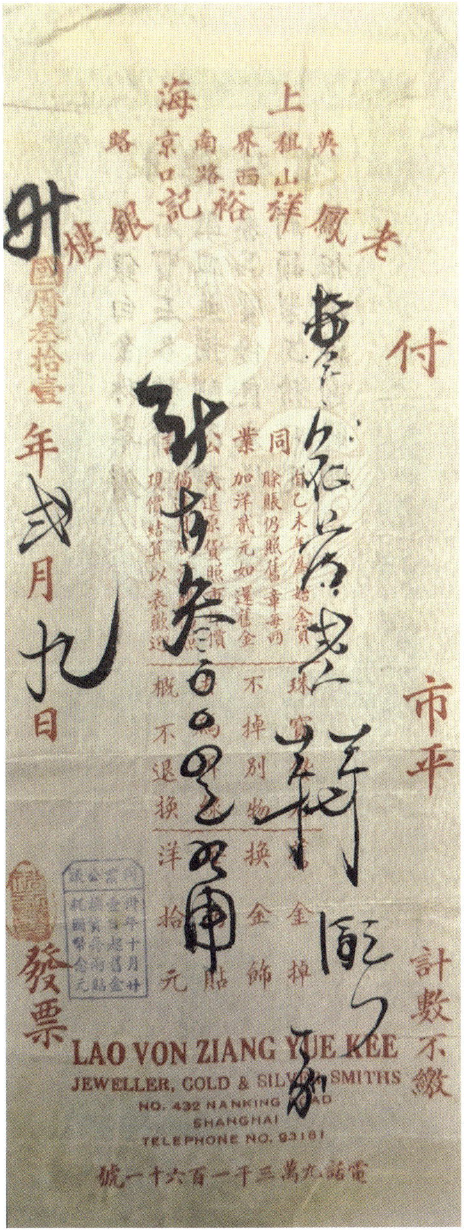

老凤祥银楼发票（正面）

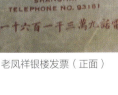

老凤祥银楼发票（背面）

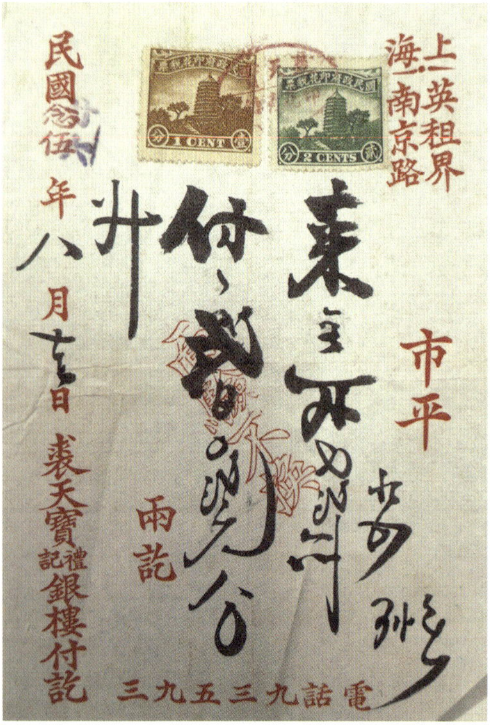

裘天宝银楼发票

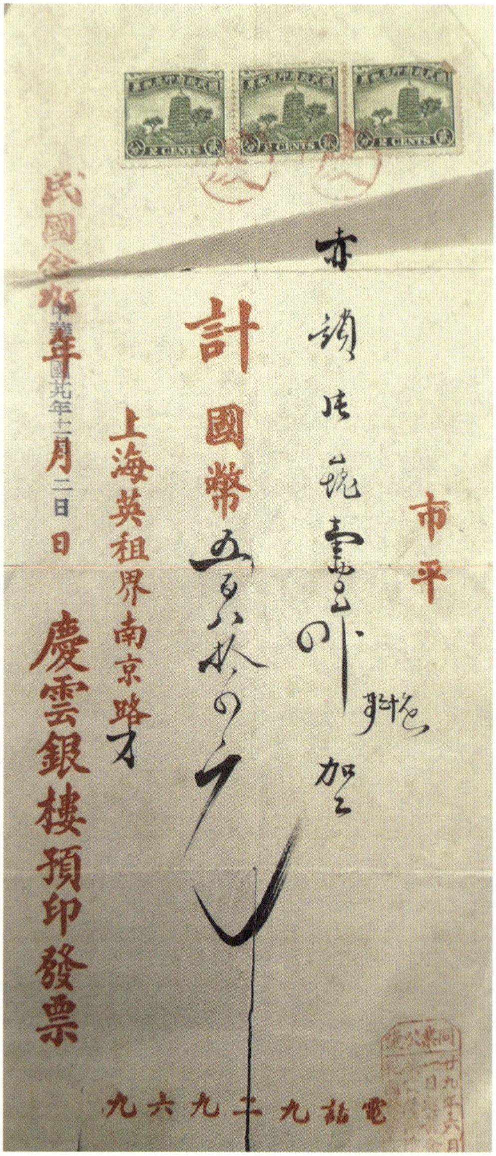

庆云银楼发票

宝成天足赤

金号永丰足赤

永丰余焓赤十两大条（正面、背面）

（二）上海焓赤十两大条

上海大条俗称大黄鱼，重十两，面上有漂亮凹凸状的冰裂纹，背面通过模具铸有金号或银楼的名称及焓赤字样。个别上海十两大条仅表面加盖上金号名称，如“同丰余”等。能熔铸十两“焓赤”金条的金号银楼比熔铸一两金条的金号银楼要少许多，目前所见金号有鸿兴永、永丰余、庆发永、上海祥和、裕发永、大丰恒、生源永、大德成、宏丰永、久成永、泰康润等，银楼有杨庆和及方九霞等。

（三）上海标金

19 世纪末，西方国家大多以黄金作为本位。中国作为银本位国家，对外贸易收支需以银折金或以金折银，受金银币价涨落影响，商人常须承担外汇行市涨落的风险。为避免风险，遂产生了可以预选购买标金的交易方法，作为外汇收支的保障，这便是上海黄金市场产生的客观要求。金业交易所规定买卖的黄金有国内矿金，各国金块、金币，标金和赤金四种。平时实际交易以标金为主，故上海的黄金市场也被称为标金市场。标金分上海标金、天津标金、北京标金三种，交易以上海标金为主。上海标金又分小条、大条两种。小条重漕平十两，大条重漕平七十两。1928 年，度量衡制度改革后，标金以市平计算。市平一两合漕平 0.825 两，合公衡 31.25 克。小条和大条标金成色均含纯金千分之九七八。

同信十两标金（正面）

同信十两标金（侧面、背面）

（四）厂条

目前存世的厂条，产地各异，品种繁多。有关字规规律的研究，笔者已在相关章节中有详尽介绍，本处不再赘述。现仅就厂条的产地及形制略作阐述。

1. 陕西厂条

它是用国外的大金砖分割而成，大小不一，其重量和成色都标在厂条上，还盖有“陕央”“陕邮”字戳，系当时由陕西中央银行和邮政汇业局出售的黄金制品。

2. 资源委员会厂条

资源委员会生产的是圆形厂条，大小如同普通银元。铸有“资源”字样，重约四两，盖有重量和成色的硬印。

3. 昆明厂条

由中央造币厂昆明分厂铸，分十两、五两、一两三种，盖有重量和成色的硬印。

重庆厂条一两

4. 重庆厂条

1937 年上海沦陷后，中央造币厂内迁重庆。重庆厂条即民国三十四年为兑付所谓“法币折合黄金存款”而铸造的多种金条。分十两、六两、五两、一两、四钱、二钱、一钱等八种，盖有重量和成色的硬印。

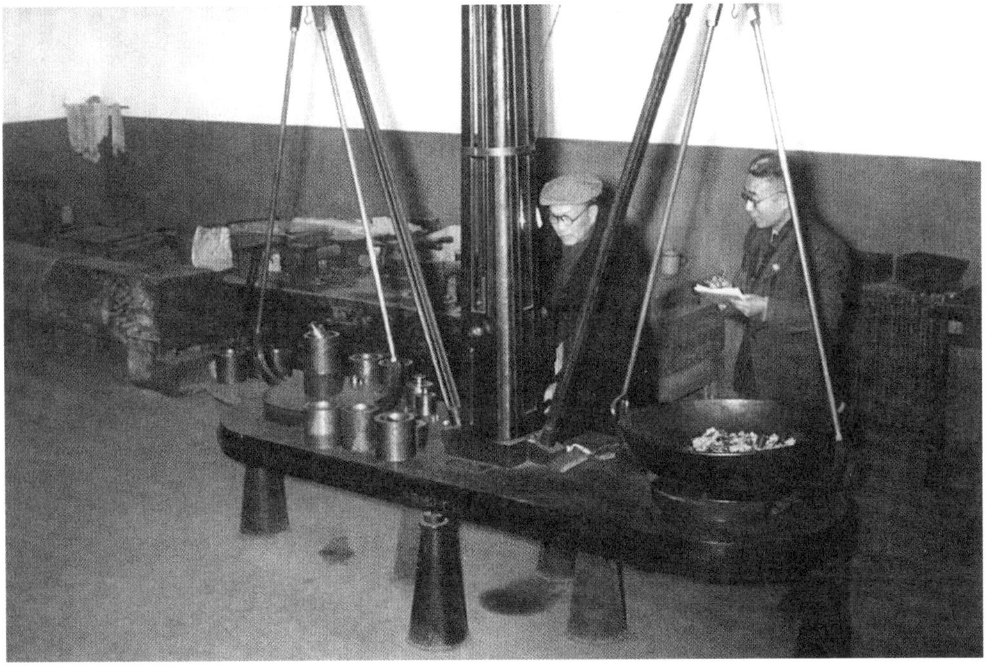

上海中央造币厂制造厂条工序
（1948 年）

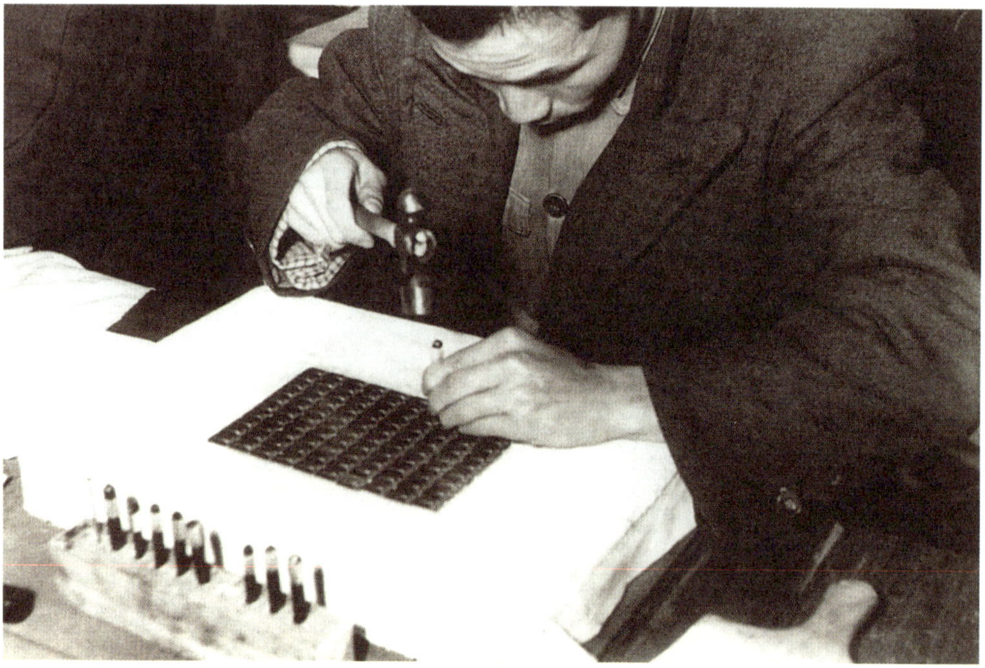

上海中央造币厂制造厂条工序
（1948 年）

中央造币厂五两厂条

中央造币厂壹两（正面）

中央造币厂壹两（背面）

中央造币厂造壹两错版字规（正面、背面）

厂条半两（正面）

厂条半两（背面）

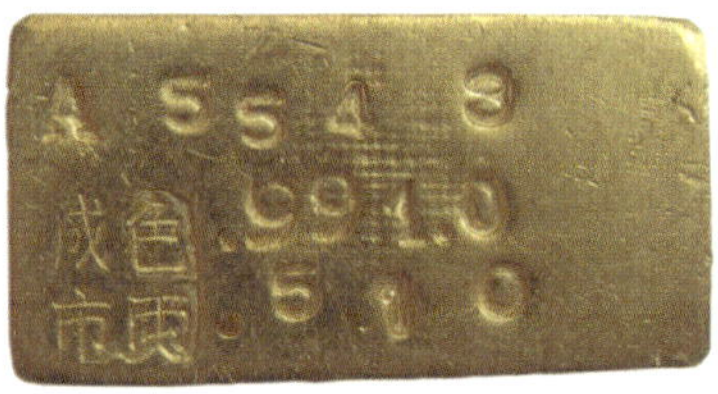

厂条半两（正面）

厂条半两（背面）

5. 四川厂条

解放战争后期，部分国民党军队退败四川地区，作最后的负隅顽抗。四川厂条是为解决部队军饷而短时期制作的金条。以一两小金条为多，一两以上少见。

6. 上海厂条

1945 年抗战胜利后，重庆厂回迁上海至 1949 年 5 月止所铸的金条。分六十两、三十两、十两、五两、三两、二两、一两、五钱等。盖有重量和成色的硬印。2018 年上海某拍卖行秋拍曾拍卖一枚六十两上海厂条的残件，为仅见品。

7. 台湾厂条

台湾厂条分为饰金原料厂条和为兑付“黄金储蓄”而铸造的“台银”厂条。中央造币厂于 1949 年 8 月中旬在台湾设立台湾分厂，由于造币厂总部在上海，而上海已于 5 月底解放，中央造币厂的部分机器设备由上海和海南陆续运抵台湾，故年底台湾分厂随即撤裁，由分厂升格为总部，并改隶中央银行。1949 年 6 月 15 日，当时的台湾省政府为稳定局势，公布实施《新台币发行办法》，其第十条：“凡持有新台币者，得照台湾省进出口贸易及汇兑金银管理办法之规定结购外汇，或照黄金储蓄存款办法之规定折存黄金储蓄存款。”根据此规定，新台币除可依照规定结购外汇，并可照黄金之公定价格，通过黄金储蓄存款兑取黄金，活期者只需存满十天，定期者分一、二、三个月期三种，且有利息。

台银一钱厂条

台银五钱厂条

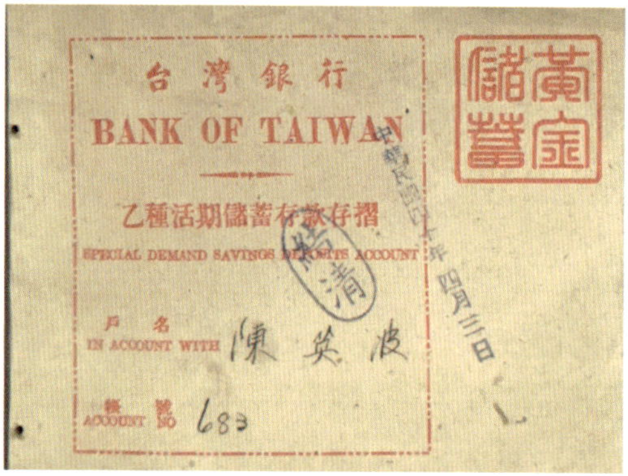

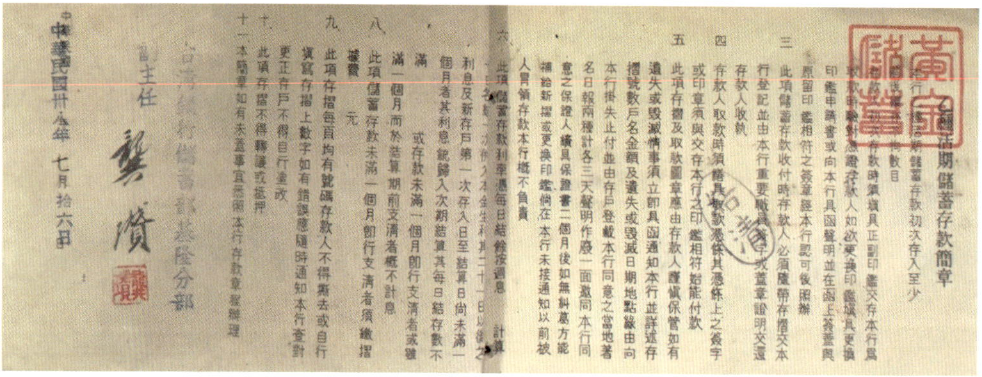

台湾银行黄金储蓄老存单

台湾银行于1949年7月推出仿“法币折合黄金存款”的“黄金储蓄”存款，为兑付黄金而铸造了“台银”厂条。台湾厂条委托台湾银楼业翘楚金瑞山银楼，改铸一两及以下的机制厂条。“台银”厂条大小不一，存世有十两、五两、一两、五钱、二钱、一钱等，盖有重量和成色的硬印。以一两以下薄片为多，薄片盖有重量和成色的硬印。十两大条大多以从大陆运台的浇铸金条二次打上“台银”和重量成色的硬印。五两以下用成色在千分之九九五的重庆一两厂条和字规CD的上海五两厂条及1949年8月中旬迁台初期后铸造成色为千分之九九一的金条。曾见有一条中央造币厂五两厂条，编号为CD28333，成色为千分之九九一，背面加盖有“金瑞记”足赤字样，少见。因此，“台银”厂条成色大多为千分之九九一，与中央造币厂CD字规五两厂条和“天”字足赤成色相当，且以一两以下薄片为多。

金瑞山银楼寅字厂条

有台湾美源银楼戳记的五两厂条

有台湾美源银楼戳记的重庆厂条

20世纪50年代初，由于当时环境特殊，台湾当局对黄金管理的态度是“管出不管进”，原则上民间是可以持有黄金，但不得买卖。实际上民众对黄金需求是以“饰金”为名通过银楼进行交易的；除原本民间的存量外，有相当数量是由旅客及船员带入，尤其来自香港地区的金条最多。到20世纪50年代末，经休养生息后，台湾民众生活条件大为改善，对黄金需求量大增，台湾当局“行政院”在1958年12月28日，订颁《首饰用金原料供应办法》，规定黄金成色在千分之八七五以下者为首饰用金，来供应银楼首饰业者及工业用金原料。饰金原料厂条分十两、五两、一两、五钱等四种，盖有重量和成色的硬印。

厂条饰金原料壹两（正面）

厂条饰金原料壹两（背面）

天津正阳加炼赤金（正面、背面）

（五）北方地区的花生型金锭

北方地区流通市重一两的花生锭。流通地区有沈阳、天津、青岛、济南、锦州等。该种金锭面上有地名、金号、银楼号、成色等印戳，此类金锭在北方地区流行较广，目前存世量也较大。另外，沈阳、天津还见有十两金条，存世极少。

（六）我国其他地区和国外的金条

我国其他少部分地区也有金条流通，比较多见的有甘肃兰州地区的金条，一至十两各种重量都有发现。另外，太原、重庆、成都、百色、九江、南昌、汉口、长沙、大连、广州、佛山、香港、澳门、台北等地区，也有一两或以上的金条（锭）流通，这些地名的金条存世相对少见。国外的金条以印度和菲律宾等东南亚国家为多。印度托拉金条有长方形和圆形两种。菲律宾金条为正方形，重量不等，重的有二十两，轻的也有五两。日伪时期，日寇有一种俗称“纱布条子”的金条，用以调换战略物资纱布，有十两、五两、一两三种。

佛山金铺加炼足金

二、黄金货币（金条）成色的表述

（一）上海小条黄金成色的表述

一般而言，金号的金条成色表面大多盖以“烚赤”硬戳表示。少部分金号也以“足赤”表示成色，并打上“99”或“上”硬戳。1927 年前，“烚赤”成色在 995‰；1927 年至 1937 年，“烚赤”成色在 993‰；1937 年至 1945 年，“烚赤”成色在 990‰，实际成色在 988.5‰；1947 年至 1949 年 5 月，“烚赤”的成色在 980‰—985‰之间。上海“烚赤”十两大条的成色比同上海“烚赤”小条，唯重量在 11 两 7 钱的大条，是 1930 年前流行的老金条。

宝成直版上上足赤

福昌永 99 壹两烚赤

鸿兴永 99 壹两足赤

裘天宝（寿）天足赤（正面）

裘天宝（寿）天足赤（背面）

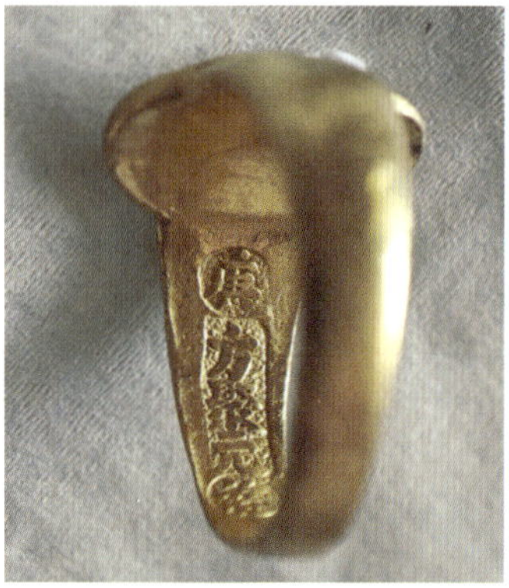

方聚元正足赤金戒指

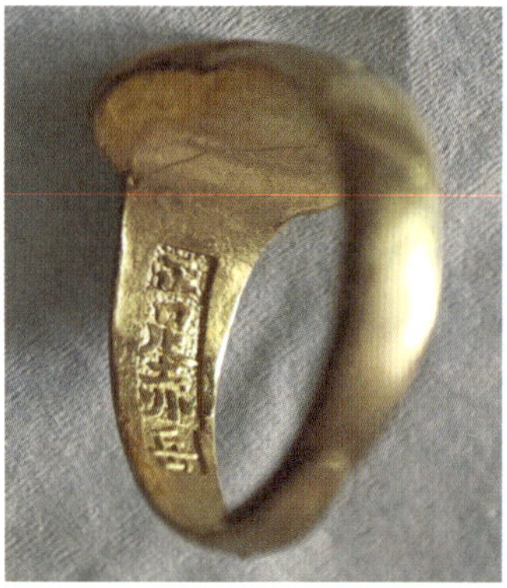

正足赤金戒指

上海银楼金条成色一般在表面盖以“足赤”硬戳表示，个别银楼也会以“烚赤”表示。上海银楼金条上的“足赤”可分为三个时期：晚清至清朝末年，以“公”字足赤表示，成色在980‰上下；1910—1920年，以“正”字足赤表示，成色在980‰—990‰；1920年以后，改为“天”字足赤，成色不得低于990‰，一般在993‰—995‰之间。1947年后，因流行于985‰成色，有些中小银楼的“天”字足赤成色无形降低，但大同行一般尚能维持在990‰的成色。

（二）标金的成色表述

民国时期有三种标金，北京标金成色985‰，天津标金成色980‰，上海标金成色978‰。上海标金市场的买卖，实为全国黄金市场的中心，上海金业交易所平时实际交易以标金为主。1926年，其年交易额达6232万条，仅次于伦敦和纽约，被称为世界第三大黄金交易市场。上海标金规定成色为978‰，由于各家提炼铸造工艺不同，实际会低于规定成色，有的上海标金最低成色仅为968‰。

（三）厂条的成色表述

厂条由于是各大造币厂所制，十两以下大多是机器制造。它的特点就是制造规范严谨，其制造单位、重量、成色标注一目了然。

1. 陕西厂条成色在995‰以上。

满洲中央银行总行

2. 昆明一两厂条成色大多为995‰，五两、十两厂条成色在995‰—997‰之间。

3. 重庆厂条成色也在995‰以上，最高成色竟达999‰。

4. 资源委员会厂条成色在996‰—997‰之间。

5. 四川厂条成色为980‰。

6. 上海厂条成色最为繁杂，五两以上成色大多为985‰、991‰，成色比较固定。而一两的厂条成色最多，目前所见成色高的在996‰左右，低的在973‰左右。

7. 台湾饰金原料厂条成色相对稳定。1958年，饰金原料厂条由迁台的“中央造币厂”改制，成色为875‰，交“中央信托局”标售。1971年，饰金原料厂条成色提高至945‰，1991年，再提高至995‰。

满洲中央银行委托大阪造币厂制作的福字24K金币（正面、背面）

“台银”厂条虽为银楼所制，但刚开始成色不低于991‰，基本上与上海厂条五两CD字规和“天”字足赤成色相当。实物中见有一条一钱“台银”厂条，成色竟然为999.7‰，笔者真的怀疑戳记是不是打错了。后期“台银”厂条成色有所下降，一般在980‰—985‰之间，与台北当时流行的“焓赤”成色一致。抗战时期，伪满洲中央银行曾委托日本大阪造币厂制作24K金币，作为该行货币发行准备金。金币有“福”“喜”“寿”“富贵万年”等多种。背面有“24/1000”等表示成色的印记，其成色达999.9‰。台湾被日本殖民50年，金瑞山银楼作为台北的顶尖银楼，其黄金制品的提炼水准，大致能向日本看齐，台银厂条出现999.7‰的成色也是可信的。

天津恒泰赤金（正面、背面）

大连建华赤金（正面、背面）

（四）北方地区花生锭的成色表述

北方地区流通市重一两的花生锭，其成色名目繁多，有足赤、十足赤、十足赤金、加炼、加炼足金、加炼赤金、加炼金料、金料、叶金、十足叶金等印戳。该类花生锭成色一般在988‰—990‰，低的在970‰左右。关于叶金，各地成色基本比较固定，能达到993‰。唯上海叶金成色波动较大，成色高时约993‰，低的仅为990‰。沈阳东北银行十两金条，成色为980‰。天津十两金条，成色在987‰—990‰之间。

（五）其他地区金条的成色表述

我国其他地区金条成色名目相对简单，大部分以足赤来表示成色。但与上海地区“天”字足赤不同，山西、甘肃、江南等地区大多以“上”“上上”足赤来表示。个别地区还有加炼足金、顶上足赤、炼赤、烚赤等。上海有些大同行银楼，如庆云、宝成、老凤祥等，外地分号较多，在其外地黄金制品上遵循外省惯例，也以“上”“上上”足赤、烚赤等来表示成色。

香港、澳门、广东地区流行五两金条，一两、五钱为圆形条块。上述地区金条的成色一般在900‰—990‰，最低为880‰。汉口、长沙地区金条的形状、成色大致相同。十两金条比上海“烚赤”十两大条略薄稍宽，成色一般在920‰—985‰之间。一两金条样式较多，成色一般在960‰—970‰之间。重庆、成都以十两金条为主，1945年以前金条成色995‰，后逐渐降低，在985‰左右。

（六）印度和菲律宾金条的成色表述

印度托拉金条有长方形和圆形两种，成色在980‰—995‰之间。菲律宾金条成色一般在994‰—995‰，成色低的在985‰以下。日伪的纱布条子成色在992‰，抗战胜利后，熔炼厂将部分纱布条子加盖戳记作为成色992‰的厂条。

恒生银行财神金条（正面、背面）

三、香港金银业贸易场检验的金条

由于东方人自古有“藏金收银”的传统，而且近期国际金价坚挺，从而带动了艺术品市场上金锭的拍卖价格，老金条以其不可再生、存世量稀缺的特点，逐渐进入了收藏领域，更吸引着广大新生代投资者的眼球。

老金条由于使用时间短、价值大、存世少，故国内目前对解放前的各地金条制衡，较少有人作专题研究。各大拍卖公司在其拍卖图录上的断代也笼统地写上清末民初。实际上，我国1933年“废两改元”后，其一市两即为31.25克，清末至“废两改元”前，我国库平一两大致为37.3克。因此，凡一两为31克的金条，都是民国“废两改元”以后的。如此一来，很多一两为37克以上的金条，

宝生银行金锭（正面、背面）

或者是以37克倍数为单位的金条，被人们误以为是我国早期或清末民初的金条了。其中以香港60年代至80年代的金条为最多。

笔者藏有一根“景福金铺千足纯条”五两金条，购买时被告知为清末民初上海著名九大银楼的产品，其理由就是该五两金条重量为187克，合每两37.4克，至少是“废两改元”前生产的。查上海九大银楼名录，“景福”银楼赫然在列，当然，购买价格也贵了不少。

景福金铺五两金条（正面、背面）

经进一步研究后，笔者发现，该类重量为187克五两金条，形状相似，重量接近，皆为香港60年代至80年代的产品，存世量不小，且还在不断生产。有的五两金条上还盖有香港金银业贸易场检验的印章，如“恒生银号”“德昌金铺”“利昌金铺”的五两金条等。

大部分大陆人士对香港黄金市场情况不甚了解。原来，香港地区对黄金白银等贵金属的衡制历来是沿用明清时期的司马两，一司马两合37.4克，不明情况的人误以为该类金条是清末民初时期的。在香港，香港金银业贸易场是专业经营黄金业务的机构，是一个将现货及期货结合为一的市场，也是全球非常著名的四大黄金交易地。香港金银业贸易场实行会员制，目前共有194名会员，主要是本地金商及有黄金交易业务的商业银行。按照香港金银业贸易场的章程规定，当会员少于150家时才可增加新会员。香港金银业贸易场的194名会员中有31名为认可金条熔铸商（亦称“金集团”，自1946年4月1日起已停止发牌）。认可金条熔铸商须经过严格审查，主要审查其历史、背景及其司理人的信

汇丰银行金条（正面、背面）

用和行为。此外，还应是有全间门面经营金银生意或入行5年以上者，须有一名认可金条熔铸商作为联保人，并缴保证金5000港元。由这些熔铸商生产的黄金，贸易场会以磨金石方法检验其成色和重量，贸易场对符合标准的金条盖上检验印戳。香港金银业贸易市场，以华人资金占优势，有固定买卖场所，现货交易的黄金规格为5个司马两一条的标准金条，交易方式是公开喊价。目前香港的金条主要由周生生、景福、利昌、宝生银行及新鸿基等生产。香港汇丰银行在60年代也铸造有狮子头像一两和五两的金条。

目前存世的五两老金条，以中央造币厂的五两厂条存世最多，偶有见兰州地名的，其他地区五两老金条皆少见。唯香港地区的五两金条却时有发现，不明情况的人误以为该类金条是清末民初时期大陆生产的，故该类金条的市场价格不低，有时比中央造币厂的五两厂条要高出许多。因此，对市场上常出现的由香港金银业贸易场监制的五两金条，收藏和购买时要保持一颗平常心。

4

传统鉴别黄金白银成色的工具与方法

一、传统鉴别黄金白银成色的主要工具

传统鉴别黄金白银成色的工具主要有试金石、对金牌、硝酸、王水、蓖麻油等，辅助工具有天平秤、大轧剪、银角、水银、磨刀石、料凿、榔头、吸铁石、锉刀等。

二、试金石的成分与使用

试金石原系山岭溪石的一种硅质岩石，主要成分为二氧化硅，质地致密坚硬，色泽乌黑，经人工打磨而成。试金石一般做成成年人手掌能掌握的大小，形状有长方形或狭长鱼形等多种。试金石能抵抗酸性药水的侵蚀，因此，将需要鉴别成色的黄金白银磨在试金石上，点上硝酸、王水等药水，能快速分辨溶解液色泽的浓淡、深浅，以此来判断黄金白银制品成色的高低。

元代《居家必用事类全集戊集》一书中，有对试金石使用的具体描写：称其色如黑漆皆相类，气呵湿润卒未干；光滑腻如鸡弹子，上金贴定易为看。试金石产地出自蜀中，润腻滑，样范好，颇大者直钱。上金满用盐汤洗。大松子油润之，安湿地，少时入袋，气呵动，用手擦，方始上金。

试金石的磨道划满后，满身的黄金磨道用清水是冲洗不掉的，需将试金石放在清水之中，用银角蘸上水银在试金石上轻轻擦拭，将磨道上面的金色吸去，

磨满金道的拭金石

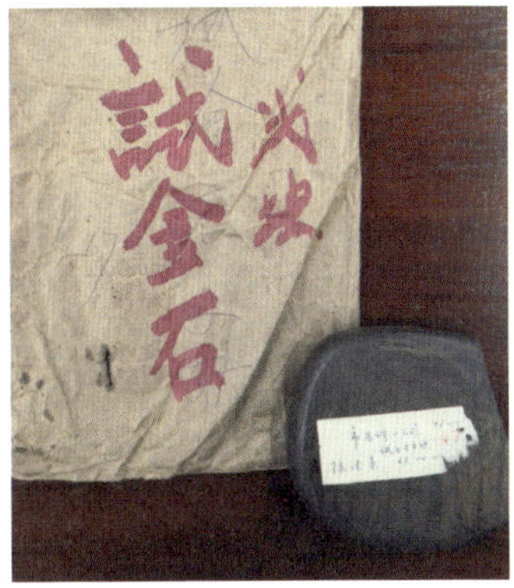

收缴来的拭金石

磨有金道的拭金石

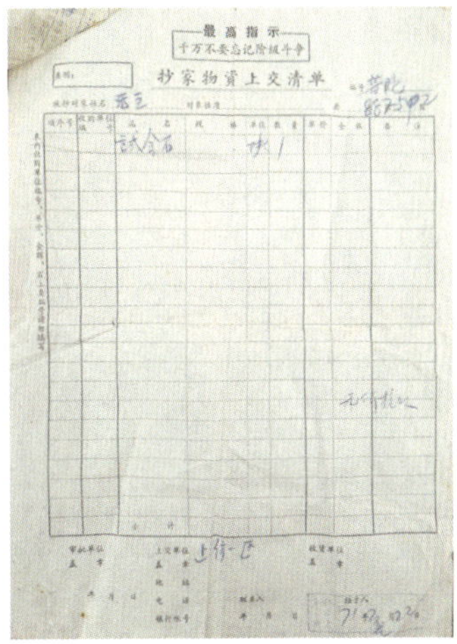

抄家物资上交清单（试金石）

各类造型的拭金石

再在水中用羊肝石磨洗，直至试金石上的黄金磨痕全部消除为止。一块试金石只要不摔坏，可无限重复使用。

上述清洗试金石的方法，与古代的清洗试金石的方法略有不同。从留下的实物看，似乎水银法清洗比用盐汤洗试金石更有效。

三、对金牌的品种与使用

对金牌是用不同标准成色的黄金制成的细长薄片形小条，是用于鉴别黄金制品分辨其成色高低的标本。由于黄金制品有清金、浑金之分，故对金牌也有清、浑之分。对金牌牌上刻有不同黄金的标准成色，一段钻有小孔，用细绳贯穿成链。一般二十枚左右为一组，个别的一组有六七十枚之多。

金号银楼业对不同成色的黄金有自己业内一套标准称谓，分别为清金、浑金、洋金、面档、焊药等之称。清金黄金制品内只含有黄金和白银，含银少是高档清金，含银多是低档清金。浑金黄金制品内除含有黄金成分外，还含有白银和铜，或仅含铜。含金多含银铜少是低浑，反之则是高浑。仅含铜的浑金，含铜少是轻浑，含铜多是重浑。七成浑金或 18K 以下习惯上称为洋金，洋金制品均含黄金、白银和铜。

中华人民共和国成立后，由于黄金白银都由中国人民银行统一管理，因此各地中国人民银行都有收兑金银业务，对金牌的需求量就非常大。于是，中国人民银行总行统一制作了一批质量上乘的清金、浑金对金牌。这批清浑对金牌有统一的标识和编号，对金牌一面有党徽、五星及编号，一面是对金牌的各种成色。这批总行早期制作的对金牌一整套有70枚之多，各种黄金的成色分得非常细，黄金成色从5%一直细分到99%。各级中国人民银行也有自制的对金牌，但与总行生产的相比，各分行自制的对金牌在质量上要相差很多。笔者对照了一下，同样成色长度约为5厘米的对金牌，总行生产的对金牌重量为6.9克，分行自制的对金牌重量仅为2.6克。

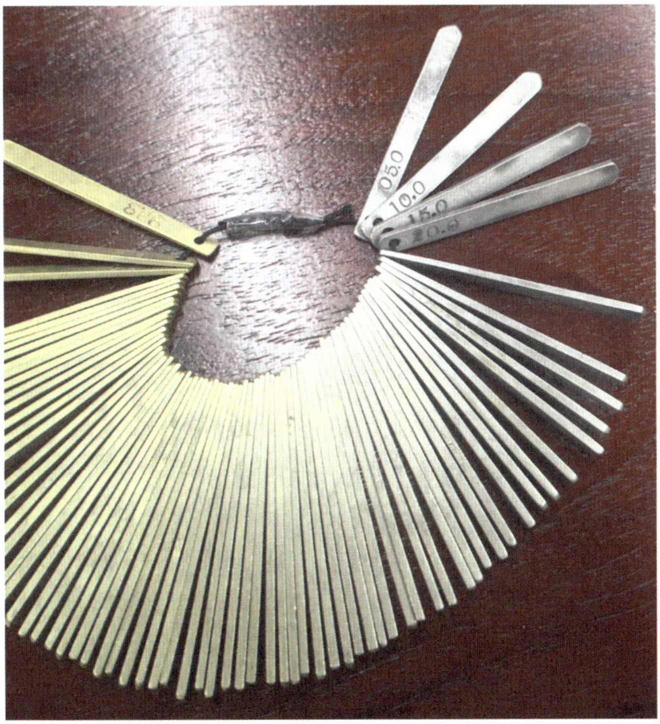

对金牌

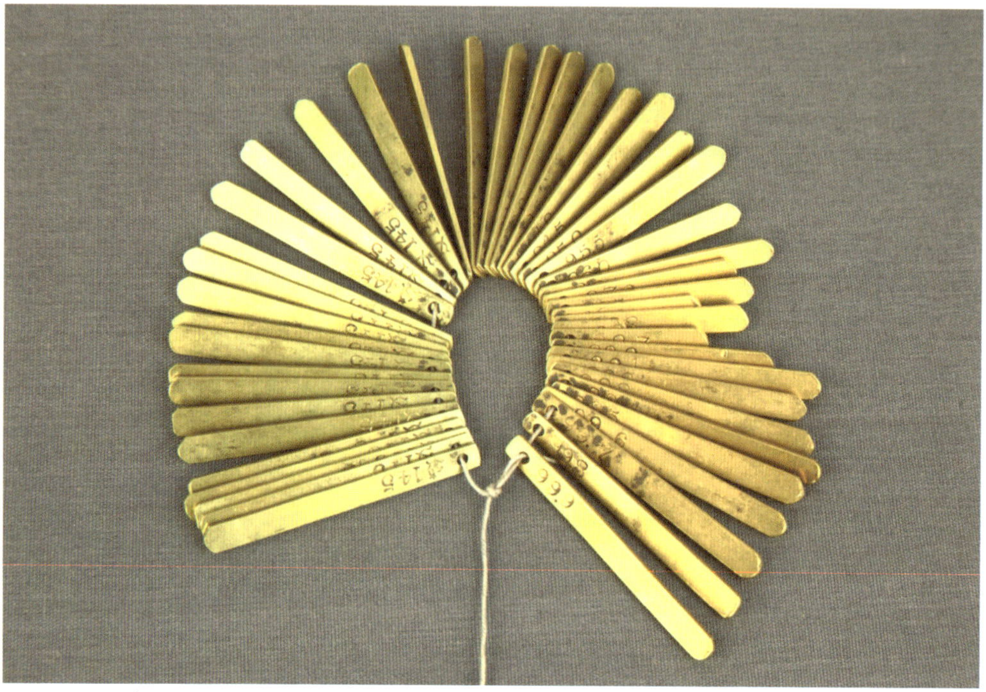

总行对金牌

两者净重相差为4.3克，重量上轻了一半都不止。20世纪六七十年代，国家为出口创汇，相关黄金指定的生产企业用金需求量扩大，中国人民银行于是将部分黄金生产业务划归到工艺品进出口公司、市工艺美术工业公司等生产企业。这些公司所辖企业经营的黄金业务，也需要生产对金牌来鉴别黄金成色。相对中国人民银行生产的对金牌，由企业生产的对金牌质量更差。可能是为了节约成本，这些对金牌仅一半是各种成色的黄金，另一半竟使用铜条来代替。这样做的好处大约能节约一半的黄金成本。因此，这种对金牌被业内称作“半节对金牌”。

清金对金牌仅刻有各种黄金成色的标识，其余成分为银。浑金对金牌除标有黄金成色外，还同时标有相应铜比例的成色。黄金成色 90% 以上的浑金对金牌，一般称为高档浑金对金牌。

有些解放前金号银楼对金牌上的成色会用苏州码来表示，如是浑金对金牌，另一面铜的成色则以汉字数字表示。大的金号银楼在对金牌上会盖有本号的戳记，以表示对本号产品质量的自信。这些上世纪留下来的对金牌，现已凤毛麟角，十分珍稀了。

总行与分行对金牌对比

跃进牌半节对金牌

浑金对金牌

清金对金牌

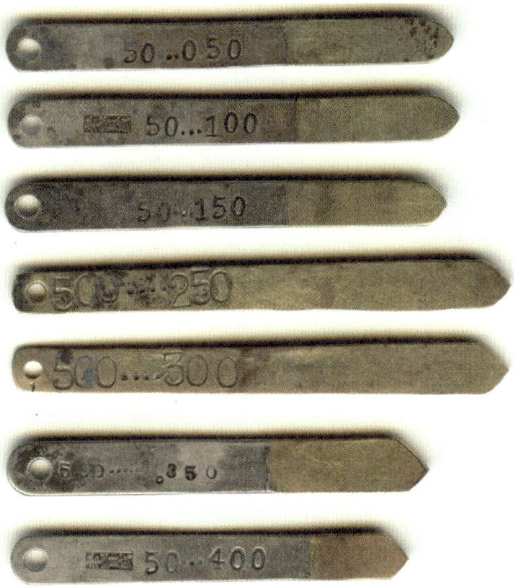

老宝成银楼对金牌

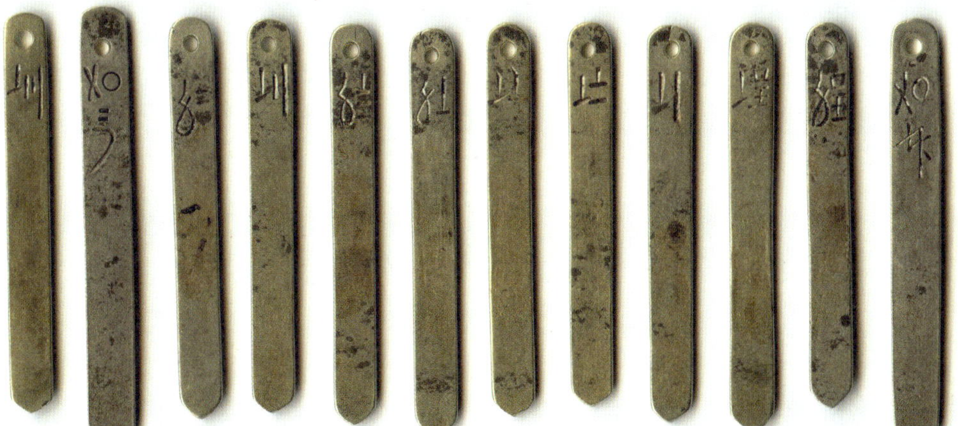

下档轻浑苏州码对金牌

四、硝酸、王水等药水的成分与使用

（一）用于鉴别黄金成色的各类药水名称和作用

1. 淡硝酸。70 度硝酸与同量清水的混合液，用以鉴别 30% 及以下的黄金成色。

2. 纯硝酸。70 度硝酸不加水，用以鉴别 30%—50% 的黄金成色。

3. 混硝酸。95% 纯硝酸与 5% 淡王水的混合液，用以鉴别 50%—70% 的黄金成色。

4. 淡王水。75% 纯硝酸与 25% 王水的混合液，用以鉴别 70%—80% 的黄金成色。

5. 王水。75%70 度盐酸与 25% 硝酸的混合液，且该混合液存放了一段时间后，已无浓烈的刺激气味，用以鉴别 80%—99% 的黄金成色。

6. 浓王水。刚调配的新鲜液体，打开瓶盖后会冒出白色烟雾，气味浓烈、刺激，主要用以鉴别铂金的成色。

（二）硝酸、王水鉴别黄金成色的原理

通过药水与金属的反应，一看药水溶解液的走势快慢变化现象。如，硝酸遇银、铜会化为液体，遇金则不会化为液体，而成粉末状的金粉。又如，王水遇铜溶解最快，遇银溶解较慢，遇金溶解则非常缓慢；二看溶解液的色泽颜色变化情况。如，药水遇铜除溶解液走势最快外，会泛出绿色，但不会留底。药水遇银则溶解液走势较慢，还会出现白色沉淀留底。

纯硝酸和王水不仅可鉴别黄金的成色，还可鉴别其他金属的成分。在试金石上划上各种金属的磨痕，滴上药水并在磨痕上观察药水的走势和变化情况。

1. 铜金属。硝酸溶液走动较快，颜色变绿，没有留底痕迹。

2. 铁金属。硝酸溶液不走动，颜色灰白。点上王水，留底呈黄绿色。

3. 镍金属。硝酸溶液走动缓慢，颜色泛灰白。点上王水，留底呈微灰。

4. 铝金属。硝酸溶液不走动，点上王水，留底渐变呈灰白色。

5. 不锈钢。硝酸溶液不走动，点上王水，留底呈白色。

（三）药水的保养

强酸属挥发性、刺激强的液体，平时应存放在深色玻璃瓶中并紧闭瓶盖。平日应常检查并测试药水是否失效。失效的药水会使试金石的磨痕反应变强烈，泡沫增多，无法正确判断其成色和属性。药水对温度变化非常敏感，冬天药水可使用一个月以上，夏天药水要一天一换。纯硝酸打开瓶盖有烟冒出，说明在保质期内，无烟则已失效了。

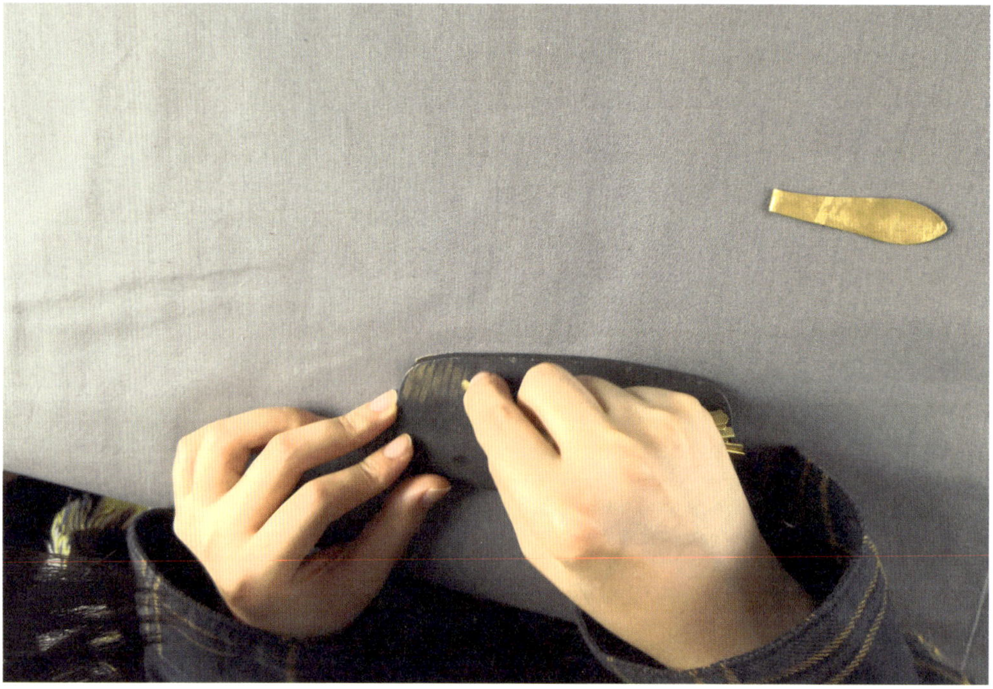

用传统工具鉴别黄金

五、白银成色的鉴别与对银牌

鉴别白银的成色需用到48度的硝酸药水。48度硝酸是在纯硝酸中加入30%纯净水的混合液。鉴别白银时，用玻璃棒直接滴于银器或锉痕处，等待数秒后查看其变化情况，成色较高的白银，一般不用试金石和对银牌。

（一）成色60%以上的白银鉴别

1. 成色95%白银。药水溶液为乳白色，逐渐会转为糙米色。

2. 成色90%白银。药水溶液为乳白色，隐现极淡的绿色。

3. 成色88%白银。药水溶液为乳白色中现淡绿色。

4. 成色85%白银。药水溶液为白色微绿色。

5. 成色82%白银。药水溶液为白色中有丝丝黑点，带微绿，久置绿色会加深。再滴上药水溶液会变白，慢慢转为糙米色。

6. 成色80%白银。药水溶液为绿色，过后会有少许泡沫。

7. 成色75%白银。药水溶液为绿色，有泡沫出现。

8. 成色70%白银。药水溶液绿色加深，泡沫增多。

9. 成色60%白银。药水溶液绿色明显加深，泡沫飞扬。

对银牌

（二）成色 60% 以下的白银鉴别

成色 60% 以下的白银鉴别需用上试金石和对银牌。具体方式为：先调制混合药水。混合药水是用 20% 王水与 80%48 度硝酸的混合液，是专门用来鉴别低成色白银的专用药水。然后把需要鉴别的白银物体，在试金石上有序划出磨痕。再在磨痕旁边用相应成色的对银牌划出同等磨道，用玻璃棒把混合液滴在所有划出的磨道上，观看其磨道的变化情况。滴有混合液的磨道马上会泛出乳白色，白色越多，成色相对越高。需要鉴别的白银磨道与对应的对银牌磨道一致，即能鉴别出白银的成色。

自古白银的流通，政府自有一套专门机构来管理白银的成色。比如，各地都有银炉和公估局来把关白银的成色。一般白银作为浇铸货币来流通时，成色应都是 90% 以上，由于鉴别成色在 60% 以下的白银，才需要用上对银牌，故市面上对银牌的存世量极为罕见。

六、铂金成色的鉴别

铂金在民间俗称“白金”。在正规银楼里出售的铂金，除盖有银楼的牌号外，一般还镌有“白金”“真白金”“正白金”“天白金”等字样，或英文“Pt”“PM”“PLATINUM”等戳记。铂金比重略高于黄金，握在手里有一种压迫感。

鉴别铂金成色使用的药水有两种，一是王水；二是纯硝酸。具体方法是：先在试金石上磨两道金痕，先后在这两道磨痕上点上王水和纯硝酸，两种药水不能相混，在点上王水和纯硝酸的磨道上分别观察其变化。首先在点过王水的磨痕上观看，如磨痕上的铂金颜色分毫不变，则其成色较高；如磨痕上的铂金颜色变淡了，则其成色较低。如磨痕上的铂金颜色渐渐变淡后消失，则鉴定为非铂金。然后再在点过纯硝酸的磨痕上查看其颜色变化。只有两道磨痕上的铂金颜色皆无变化，才能确定其为铂金。

七、中华人民共和国成立后试金石与对金牌的使用情况

1949 年 6 月 10 日，中国人民解放军华东军区司令部颁布了《华东区金融管理办法》，整顿全市金融秩序。该办法规定允许公民持有金银，并允许金银持有者向中国人民银行兑换人民币，但不得用以计价行使流通与私自买卖。1950 年 4 月，中国人民银行发布了《金银管理办法》（草案），冻结民间金银买卖，明确规定在中国境内的金银买卖，统一由中国人民银行经营管理。两个管理办法都规定银楼不得私自买卖金银，不得收兑金银饰品，等于断了银楼的所有业务，无疑是宣告了银楼业的死亡。自此，在上海风光了 160 多年的银楼寿终正寝了。

1978年党的十一届三中全会胜利召开后，全党全国工作重心转移到经济建设中来。根据国务院的规定，上海作为首批恢复国内黄金饰品零售市场的试点城市。1988年起，黄金饰品已日益成为人们群众购买的热销商品。1992年国内黄金销售已超过250吨，价值250亿元，占同年亚洲黄金市场销量的四分之一。在这种形势下，新的黄金零售网点不断增加。在1995年年底，上海全市经中国人民银行审批的黄金饰品零售单位达350家。

中华人民共和国成立以来，留存的试金石和对金牌，主要是用于中国人民银行收兑黄金白银时鉴别成色的。根据《金银管理办法》，在很长一段时间，国内已无私营性质的金银生产和销售企业。大部分试金石与对金牌只能静静地躺在银行的仓库里，也失去了用武之地。直至改革开放以后，黄金零售网点如雨后春笋般地不断增加，古老的试金石与对金牌才焕发出勃勃生机，迎来了第二春。笔者曾发现一份上海金店于1992年10月19日签发的文件，内容是该店由于业务不断扩容，在经营黄金饰品的同时，还恢复了黄金加工、修理等业务，向其主管部门工商银行黄浦支行，申请暂借两副试金石、对金牌的请示报告，报告上还有行领导批复同意的批示。上海金店为当时在南京路商业街最大的金店之一，金店位于最繁华的南京东路上，金店的金字招牌为上海市委老书记陈丕显所题写，非常有气派。该申请报告中可看出，用试金石与对金牌传统方法鉴别黄金成色的业务，至少保留到20世纪90年代中叶。目前，比较权威的黄金专业检测机构，一般会使用X射线荧光光谱法、电感耦合等离子体质谱法等，这些方法准确性极高。随着科技水平的提振，各类检测金属成分的先进仪器仪表设备的出现，传统用试金石、对金牌鉴别黄金成色的方式手段，才渐渐退出人们的视野。或许，试金石、对金牌走进博物馆这才是最好的归宿。

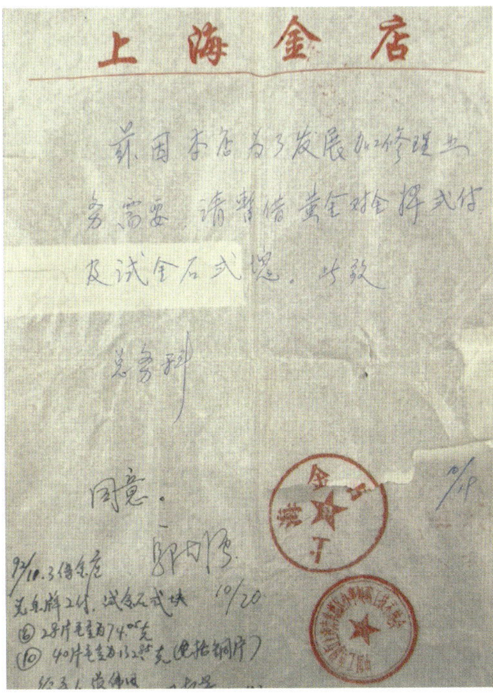

上海金店

兹因本店为了发展加工修理业务需要，请暂借黄金对金牌式付及试金石式块。此致

总务科

同意。

上海金店文件

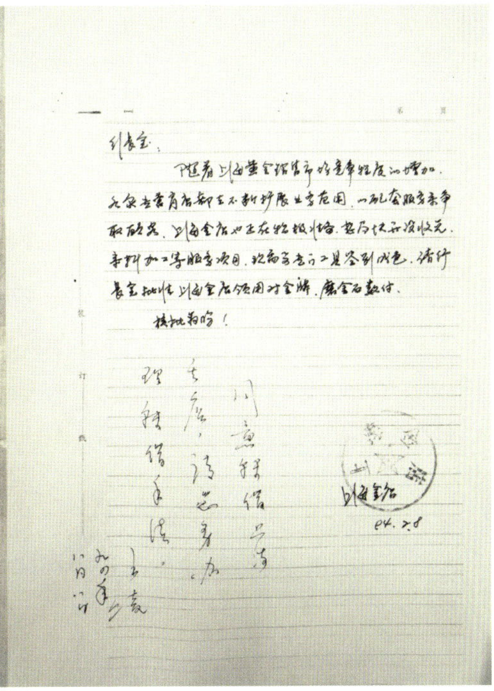

行长：

随着上海黄金销售市场竞争程度的增加，

上海金店申请报告

5

上海解放后，政府对黄金市场的管理及变迁（1949—2004）

黄金作为天然的货币属性，在1946—1949年间，应对国民政府法币、金圆券等纸币的剧烈贬值中，曾表现出靓丽耀眼的光彩。后国民党溃败大陆，逃到台湾，除带去故宫整箱的青铜器、瓷器、古书画等珍宝，还有就是上海外滩中央银行金库里的340万两黄金了。上海刚解放不久，人们还想沿循着老旧的思维，寄希望于自己手中仅存的那些黄金，能够抵御住因战争带来的满目疮痍和货币的剧烈贬值。然而，人民政府一系列的货币政策和对金融管理的多项暂行条例，彻底打破了那些欲依赖手中黄金过上富裕安稳生活的人的美好梦想。本章节从中华人民共和国成立初期、计划经济时期、改革开放以来人民政府对黄金实施的一系列管理政策，来阐述作为有天然货币属性的黄金，是如何从严格管制，到一步步全面与世界黄金市场接轨并重铸辉煌的。

一、中华人民共和国成立初期政府对黄金的管理

1949年5月，上海解放时国民政府的中央银行仅存有6000多两黄金，国库空虚，币值不稳。当时金银还是各国货币的计价基础，尽管人民政府已确定了新诞生人民币的法定地位，但大街小巷还是以金银计价流通，投机现象猖獗，新生的人民币在金价的打压下不断贬值。为了巩固人民政府新政权，打击投机倒把的猖獗进攻，1949年6月10日，中国人民解放军华东军区司令部颁布了

上海市民在中国人民银行上海分行兑换金银（1949 年 6 月）

《华东区金融管理办法》，整顿全市金融秩序。该办法规定允许人们持有金银，并允许持有金银者向中国人民银行兑换人民币，但不得用以计价行使流通与私自买卖。对医药工业或其他正当用途需要购用金银原料者，得向当地中国人民银行申请，当地中国人民银行酌情配售。金银饰品业除出售制成品外，不得私自买卖金银，不得收兑金银饰品，并将所有材料、成品及每日成交情况呈报当地中国人民银行。1950 年 4 月，中国人民银行发布了《金银管理办法》（草案），冻结民间金银买卖，明确规定国内的金银买卖统一由中国人民银行经营管理。

《华东区金融管理办法》公布后，着实引起了银楼业的巨大恐慌。上海银楼一直是政府与民众对黄金交易的主要直接参与平台，历次的黄金风潮都有上海银楼积极参与的身影。上海第一家银楼成立于清乾隆四十年（1783 年）。鸦片战争后，随着上海经济社会的蓬勃发展，银楼业作为上海商业的一种重要业态日益发达起来。清道光以后，沪上开设的银楼越来越多，逐渐形成如庆云、杨庆和、裘天宝、景福、庆福兴、费文元、方九霞、老凤祥等著名银楼。至 1949 年 6 月，全市银楼停业前夕，上海银楼有 193 家之多。

银楼业的主要原材料是金银，而金银是由当时国民政府控制的贵金属，私人和民间不能自由买卖，黄金白银靠政府指定的银行提供或向普通的银行、钱庄及金业交易所购买。《华东区金融管理办法》规定银楼不得私自买卖金银，不得收兑金银饰品，等于断了银楼的所有业务，无疑是宣告了银楼业的关门停业。银楼同业立即派代表呈请人民政府予以修正相关条例，但两次呈请均遭拒绝。大部分银楼深知该办法规定的分量，便纷纷关门暂停营业，但仍有少数银楼存侥幸心理，无视办法规定，私下从事黄金的黑市买卖，谋取暴利，不向中国人民银行呈报业务。于是，华东军区司令部依法查处了庆福兴、方九霞、景华三家违规经营的银楼，并拘捕了三家银楼老板。其余银楼慑于军管的威力，不得不相继宣布关门歇业。自此，在上海风光了 160 多年的银楼业便寿终正寝了。

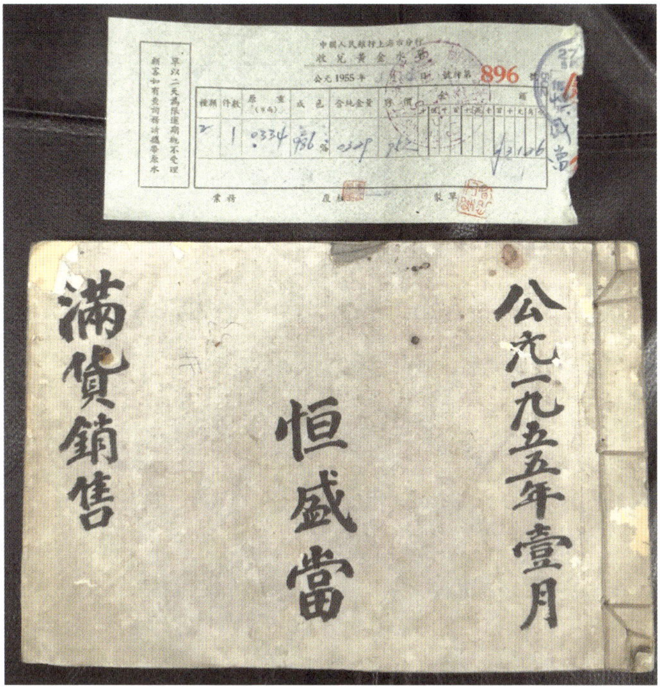

恒盛当销售记录簿及收兑黄金水单

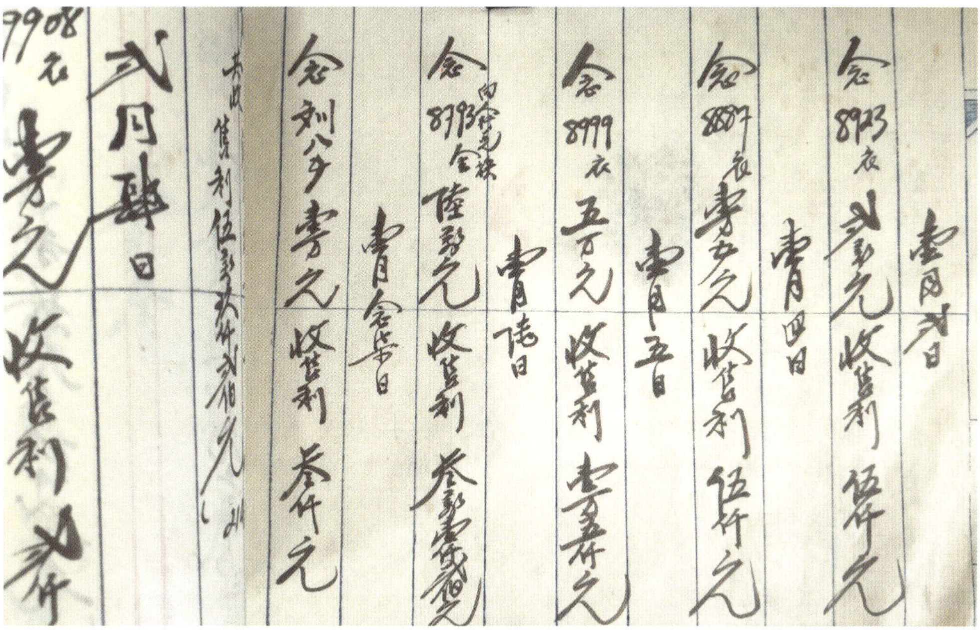

恒盛当销售记录簿内页

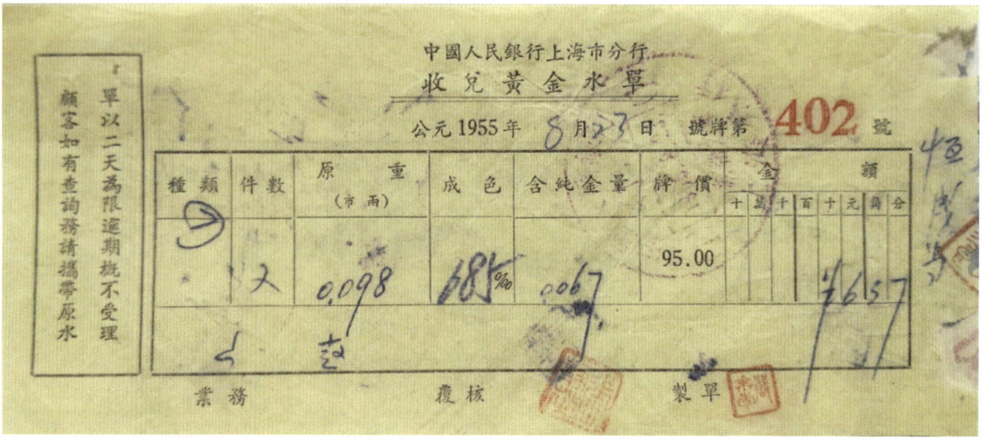

中國人民銀行上海市分行

收兌黃金水單

公元1955年　月　日　號牌第402號

單以二天為限逾期概不受理

顧客如有查詢務請攜帶原水

種類	件數	原重（市兩）	成色	含純金量	牌價	金額
					95.00	

業務　覆核　製單

1955 年人民银行收兑黄金水单

银楼无法经营和收兑金银饰品，当时的上海还有另一条途径收兑民间金银，那就是与普通市民生活密切相关的典当行。上海刚解放时，普通市民的生活并不富裕，且新生的人民币也面临着严重通货膨胀的压力，市民对典当业务需求巨大。由于当时中国人民银行对黄金交易的严格限制，销售和收兑黄金的主渠道银楼已全面停业，刚开始中国人民银行收兑黄金的价格比挂牌金价还要低 10%，相比较典当行的黄金收兑价要高一些。因此，人们纷纷将金银拿到典当行兑换人民币。但典当业整体自有资金较少，自有资金的不足深深制约其业务的发展，对一般的普通物品典当行时而会出现拒当、停当现象。为了把有限的典当资金用好、用活，方便更多有典当需求的市民，1952 年，中国人民银行华东区行指示，对于典当金银饰品的当户，典当行应尽力劝说其要转入中国人民银行收兑，典当业要少当金银饰品，并指出典当行对受当的金银饰品往往估值过高，今后要加以改善。在已有的相关典当业档案资料里，没有落实中国人民银行华东区行指示的内容。典当行那时应该还是喜欢典当大额的金银饰品，就像如今的银行信贷员放贷爱放大额客户一样，小微企业总不受银行信贷员喜欢。从一张上海恒成当的黄金收兑水单看，至少到1955年8月23日，典当行还在经营金银收兑业务。1955年9月21日，中国人民银行终于对典当业痛下杀手，重申为贯彻中国人民银行金融管理办法中关于“金银不得计价使用流通”的规定，典当业对于金银饰物一律停止受当。

虽然人民政府在颁发的金银管理办法中，规定所有人不得私自买卖金银，不得收兑金银饰品，但允许人们合法持有金银，人们佩戴金银饰品的爱美之心也一直葆有。上海银楼关门停业后，不少改行做起了日用百货、仪器文具、搪瓷电料、茶庄烟酒、南北货等，中华人民共和国成立之后，爱美人士无法购买到心仪的金银饰品。1951年，上海市人民政府为了顺应广大市民的需求，出资15万折实单位购买了南京东路432号老凤祥银楼的整幢大楼。1952年1月，正式成立了国营上海金饰品店，简称国营上海金店，同年6月16日正式对外营业。国营上海金店主要经营金银像章、礼器及小件金银饰品。当年金店就销售饰品合纯金995千克、白银875千克。1953年金店全年销售饰品合黄金3287千克、白银2619千克，相当于抗日战争前全市银楼正常年景的总销售量。国营上海金店出售的首饰，是上海解放后第一批黄金制品，首饰上的押戳非常富有时代性，

国营上海金店 22K 金戒指

拼接起来是一组颇具时代特征的词汇，如“爱好和平”“团结互助”“保家卫国”“普及文化”等。其间，广州、天津、武汉、哈尔滨等地也纷纷成立国营地方金店。

对于全国国营地方金店所售饰品的成色，国家有严格的规定。中国人民银行 1951 年 10 月 17 日总银货贵字第 1475/07796 号文件《关于银行收兑国营金店金银饰品器皿原则及金店自售饰品镌记成色应注意事项的指示》中要求，国营金店所制成的金饰品一律为 K 金，最高以 22K 为限（含纯度 91.3%），唯广州国营金店以百分比表示成色，如 18K 金戒指以 75% 表示成色。1954 年起，国家建设需用金银增多，金饰成色降为 18K 和 14K，单件饰品重量逐步减小，年销量开始大幅度下降。其后又增设和扩大来料加工业务以满足广大市民的需要。

中国人民银行对金银管理办法还体现在人们跨地区流通时，对黄金持有人的柔性管理，如允许关外个人携少量黄金入关并持有。1950 年，已解放的东北地区有大量的人员需支援内地建设。为配合关内管理金融市场，防止金银贩子投机，稳定金融物价，中国人民银行总行以 1951 年 1 月 29 日总银金市字第 0047/00913 号文规定：1. 凡关外个人因迁徙、调职等正当理由需要携带金银入关者，均需取得区级以上人民政府的证明文件。证明文件必须详细记载姓名、地址、日期、目的地、理由、金银的种类、数量等项目。2. 随身佩戴的金银饰品黄金重不超过 62.5 公分（1 公分等于 1 克），可免于登记手续。3. 凡违反规定私自携带金银入关者，一经查出则要严肃处理。

对持有大量存量黄金的工商业、金融业者，政府则通过其他手段适时予以兑换，如允许购买第一期人民胜利折实公债等。中华人民共和国成立初期，国家财政极度困难，为了弥补赤字，减少现钞发行，逐步稳定全国物价，安定民生，恢复和发展经济，1949 年 12 月 16 日，中央人民政府政务院通过了《1950 年第一期人民胜利折实公债条例》。该条例规定，折实公债单位定名为“分”，每分所含实物为大米（天津为小米）6 斤，麦粉 1 斤半，白细布 4 尺，煤炭 16 斤，实物价格以上海、天津、汉口、西安、广州、重庆六大城市的批发价，取各自比重用加权平均法计算，公债总额为 2 亿份。中央人民政府政务院明确指示，公债的销售主要放在大中小城市的工商业者、城乡殷实户和富有的退职文武官员。上海作为近代中国的金融中心，责无旁贷成了主要承销和购买公债的对象，占公债总额近三分之一。中国人民银行在发行中遵照中财委的指示，承销和购买人民胜利折实公债，着重掌握三大要点：一是注意调剂通货，避免发行时银根过紧；二是发行公债数量、时间，按市场银根现状，灵活掌握；三是银行收兑黄金、美钞数量，依银根而定。

对于中央政府 1950 年发行的第一期人民胜利折实公债，上海的工商业、金融业者等在认购阶段初期都存观望的态度，后经相关人士多次做工作，上海的工商业、金融业者很快转为积极踊跃认购，表现突出。但进入缴现阶段，认购者则出现了以各种理由为借口，欠缴、停缴等情况。为此，有人提出让这些家中殷实的工商业、金融业者可用部分黄金外汇购买公债，以解决公债欠缴、停缴的情况。首任中国人民银行华东区行经理曾山在《华东分配公债的任务》报告中说，上海有一部分人士要求以黄金外汇购买第一期人民胜利折实公债，经向中央请示后，中央为了照顾购债人的实际困难，已接受了上海部分市民的意见，允许以 30% 比例的黄金外汇用以购买公债。这是中华人民共和国成立以来，最大一次在政府的指导下有组织收兑民间黄金的活动。

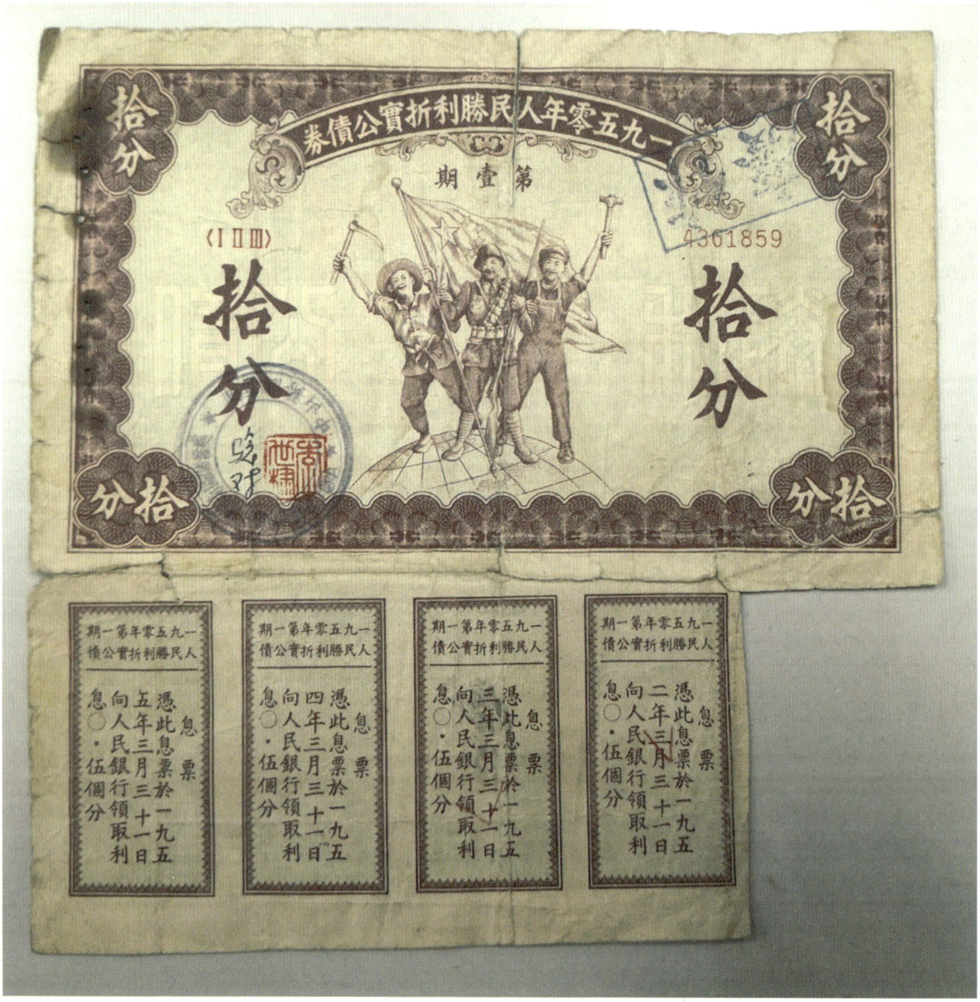

折实公债拾分（正面）

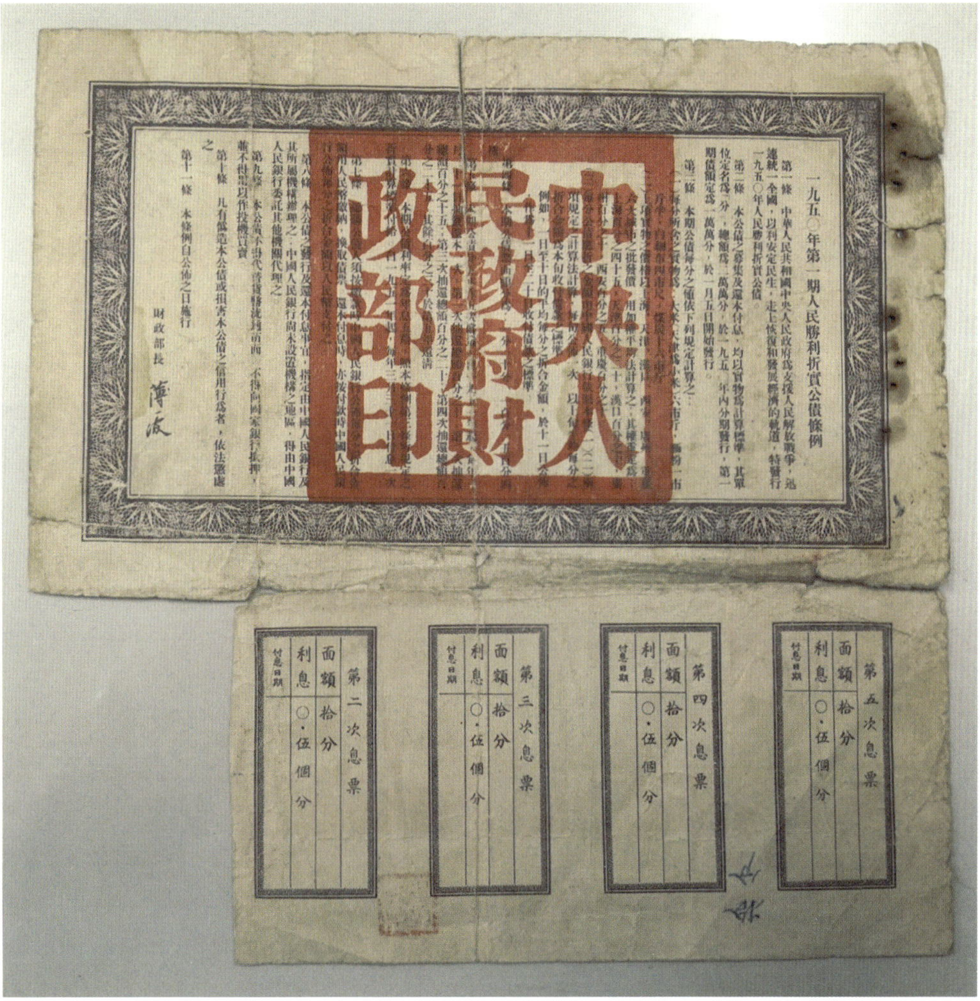
一九五〇年第一期人民勝利折實公債條例
中央人民政府財政部印
財政部長 薄波
第二次息票 面額拾分 利息〇·伍個分 付息日期
第三次息票 面額拾分 利息〇·伍個分 付息日期
第四次息票 面額拾分 利息〇·伍個分 付息日期
第五次息票 面額拾分 利息〇·伍個分 付息日期

折实公债拾分（背面）

二、计划经济时期的黄金管理

计划经济时期工农业生产所需的黄金材料由中国人民银行统一调拨，外贸产品则由上海市工艺品进出口公司提供，镶嵌首饰用的珠、钻、宝、翠等均由生产企业自行采购。那时中国人民银行对黄金管理的重点不是黄金买卖，而是调配好黄金材料的额度，为工农业生产所需服务。

随着国民经济的恢复和发展，上海的工业生产得到了迅速发展。由于上海工业生产基础较好，门类齐全，对黄金的需求量巨大，上海的黄金配售量占全国首位。上海的机电、电子、感光等行业对黄金白银的需求量占本市工业配售金银的 80% 以上。上海工业用金银量最高时约金 2 吨 / 年，银 200 吨 / 年。但中国人民银行上海市分行没有审批黄金配售额度的权限，上海市分行只有审批相当于二十两以下黄金配售额度的权限，可先售后报。为了保证上海工业生产的发展，中国人民银行上海市分行与总行积极沟通，努力为这些生产企业积极争取黄金配售指标，有力地支持了上海工业发展的需要。

另一大黄金管理重点是支持上海出口创汇。上海外贸出口商品中有许多使用黄金的商品。如，上海英雄、永生两家金笔厂的金笔是上海轻工传统的出口热门商品。上海金属工艺品一厂生产的黄金龙凤手镯，一直是销往香港及东南亚地区的传统出口创汇商品。这些传统的出口商品即使在“十年动乱”时期，也未停止过出口。

1958年7月，上海国营金店改组成上海金银制品厂，加工外销金银饰品。1959年该厂加工黄金饰品236千克，银饰品885千克。1961年5月内销停止，该厂遂成为单一的外销金银饰品加工企业。1962年5月，中国人民银行上海市分行将该厂划归市手工业局，由所属的上海市工艺美术工业公司领导。

上海金银饰品自1954年起少量出口苏联和东欧国家。1957年后，通过广交会开始批量出口，到60年代出口量逐渐增加，在70年代上海金银饰品主要销往香港、澳门地区及东南亚、东欧和西欧。

另外，中国人民银行上海市分行还从门市收兑中整理出具有一定工艺价值的金银物品供有关单位出口创汇。这时期中国人民银行对黄金管理的特点，及为工农业生产所需服务的思想，极大地保证和支持了这些单位持续出口创汇的能力。

三、改革开放以来的黄金管理

党的十一届三中全会胜利召开后，全党全国的工作重心转移到经济建设中来。根据国务院的规定，上海作为首批恢复国内黄金饰品零售市场的试点城市。从1982年9月底，上海率先恢复黄金饰品的生产和供应，开放内销黄金饰品市场，迈出了中国开放黄金市场的第一步。这时期的金银管理工作是调整管理办法，加强法制建设，以适应国民经济发展和改革开放的需要。

早在1979年，中国人民银行开始

南昌市金首饰邮政有奖储蓄

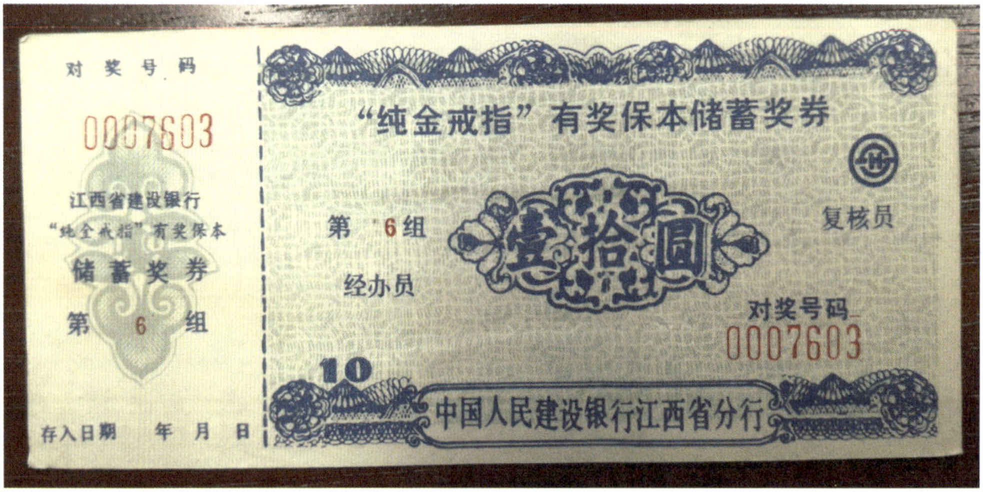

建行金戒指有奖储蓄

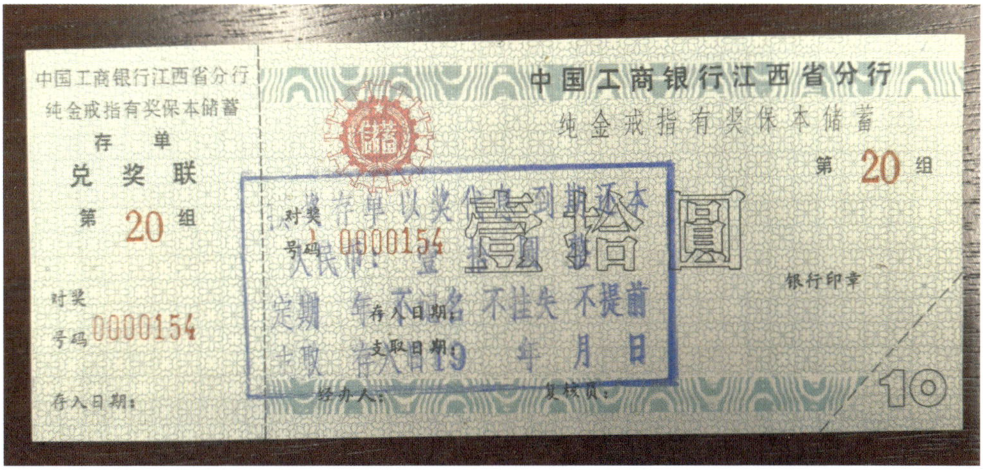

工行金戒指有奖储蓄

农行黄金有奖储蓄

发行“中华人民共和国成立30周年”纪念金币。纪念金币的发行是中国黄金制品与国际黄金市场接轨的重要标志，同时也利用国际上规范的纪念金币的发行惯例，用纪念金币这种有效的载体形式，传递了中国改革开放，参与世界金融市场的信息。自此以后，中国人民银行还陆续发行了纪念银币和少量铂金、钯金纪念币，逐渐形成了具有中国特色的现代贵金属纪念币完整体系（下章节专门论述）。

1985年，中国人民银行发行司批准了上海造币厂进行金银饰品的加工和销售试点，黄金原料由中国人民银行批转额度，用外汇购买。上海造币厂的优势是铸造各类钱币，其加工金银饰品的能力并不强，厂里也没有现成的加工设备。工人们本着先易后难，先简后繁的原则，只能从加工最简单的金戒指入手。为了加工金链条首饰还出资引进了一台链条加工机。上海造币厂专门成立饰品生产班组，隶属贵金属车间。由于市场竞争激烈和引进设备与模具不配套，加上缺少有经验的技术人才，生产时停时续。但上海造币厂还是替中国人民银行加工了黄金饰品1000千克。上海造币厂做黄金饰品的量并不大，而消费者购买黄金饰品的热情却很高涨。至1985年，上海全市黄金直接消费量达10吨。20世纪90年代，我国各大国有银行为吸收存款推出黄金饰品有奖存款，奖品便是有人民银行戳记的金戒指。

自1988年起，黄金饰品已日益成为人民群众购买的热销商品。在这种形势下，新的零售网点不断增加，至1995年年底全市经中国人民银行审批的黄金

沪币金戒指

上海造币厂制金戒指

鄂人行金戒指

赣人行金戒指

海盐人行金戒指

洛阳人行金戒指

人行自制金戒指

饰品零售单位达350家。1992年国内黄金销售量已超过250吨，价值250亿元，占同年亚洲市场黄金销量的四分之一。

1993年5月，中国人民银行提高了黄金收购价格。之前成色99.9%黄金饰品销售价每克人民币115元左右，收兑价每克仅人民币48元，买卖价格差距巨大。1993年9月1日起又把原来收购和配售黄金的固定定价，改为参照国际市场金价不定期调整，即采取浮动的办法，使金价开始与世界市场金价有了一定的联系。

黄金饰品的日益热销，金银管理的法制建设不能缺位。早在1983年6月15日，国务院发布《中华人民共和国金银管理条例》，规定国家仍对金银实行统一管理，统购统配的政策。中华人民共和国境内的机关、部队、团体、学校、国营企业、事业单位、城乡集体经济组织的一切金银的收入和支出，都纳入国家金银收支计划。境内机构所持的金银，除经中国人民银行许可留用的原材料、设备器皿、纪念品外，必须全部交售给中国人民银行，不得自行处理、占有。在中华人民共和国境内，一切单位和个人不得计价使用金银，禁止私自买卖和借贷抵押金银。管理条例对金银的生产、收购、配售、加工、使用、进出口等均作出了法规性的规定。

从1988年开始，由于市场对黄金饰品需求量巨大，加上国内黄金饰品的价格高于国际市场，黄金走私较为严重。当时的中国人民银行上海市分行会同上海市公安、海关、工商等部门，先后两次发文对进出口金银制品的管理作了补充规定，加强上海金银饰品市场的管理和对经营黄金饰品的企业提出了全面清理的要求，并开展了一系列打击非法倒卖走私黄金活动，整顿了黄金饰品市场。

1989 年，上海对外商独资、中外合资、中外合作的企业进出口金银制品实行《金银制品进出口许可证》，对出境和国内跨省携带的金银制品实行《携带金银出境许可证》《中国人民银行特种发票》等办法。对全市 350 多家金饰品零售商店实行许可证制度，统一制定上海市黄金饰品批发、零售价格。

1994 年，中国人民银行上海市分行根据实际情况，制定了《关于贯彻国务院办公厅关于取缔自发黄金市场，加强黄金产品管理的若干意见》。

以上这些法规制定和实施，对规范当时的黄金饰品零售市场及黄金制品的进出口起到了积极的作用，为以后的黄金市场开放打下了坚实的基础。

随着计划经济向市场经济过渡以及企业产品结构的进一步调整，金银的供应也逐渐由计划经济模式下的供应体制向市场经济体制转变。1999 年 11 月 25 日，中国放开白银市场，封闭了半个世纪的白银自由交易开禁，为放开黄金交易市场奠定了基础，白银的放开被视为黄金市场开放的预演。12 月 28 日，经中国人民银行批准上海华通有色金属现货中心批发市场成立。同月，银行停止对企业配售白银，停止门市收购白银，白银正式走向市场化运作。

2000 年 8 月，上海老凤祥型材礼品公司获得中国人民银行上海市分行批准，开始经营旧金饰品收兑业务，成为国内首家试点黄金自由兑换业务的商业企业。

人行监制金戒指

沪人行金戒指

人行足赤金戒指

浙人行杭银金戒指

1999年是中华人民共和国成立50周年，中国金币总公司发售了新中国第一根金条“千禧金条”，开创了除金饰品以外的黄金消费形式。此次授权销售的有北京、上海、南京、成都等11个城市，各地“千禧金条”的销售价格略有不同。北京每克104元，上海每克110元，南京每克112元。“千禧金条”的规格分为50克、100克、200克和500克四种。老凤祥作为上海的总代理，利用上海滩百年老字号银楼的优势，最终争取到200千克。“千禧金条”开卖前一天中午，热情的市民就来排队，队伍从南京东路432号老凤祥总店排到了山西路，店方不得不提前到半夜12点开卖。1小时后，200千克金条便全部卖完。

千禧年金条（正面、背面）

为使上海成为“一个龙头，三个中心”和进一步确立上海金融中心的地位，黄金经营管理体制的改革势在必行，探索黄金管理的新体制、新途径，建立黄金交易市场，放到了上海市政府的议事日程上。为争取把黄金交易市场放在上海，中国人民银行上海市分行多次会同上海市政府赴北京，向总行陈述把黄金交易市场建在上海的有利条件、工作设想和黄金交易市场规划。经过多方努力，2001年4月，中国人民银行行长戴相龙宣布取消黄金“统购统配”的计划管理体制，并在上海筹建黄金交易所。2001年10月，中国人民银行下发了《中国人民银行关于设立上海黄金交易所有关问题的通知》。通知明确规定了上海黄金交易所的地址、经营方式、工作人员数量和交易品种。2001年11月28日，上海黄金交易所模拟试运行。

黄金饰品价格牌

2002 年 10 月 30 日，上海黄金交易所正式开业，中华人民共和国成立以来，对黄金的管理走过了半个世纪从管制到开放的漫长历程，中国黄金市场从此走向全面开放。同年 11 月，中国人民银行停止对企业配售黄金，门市收兑也只收成色在 98%—99.9% 之间的黄金制品。

2003 年 3 月，根据《国务院关于取消第二批行政审批项目和改变一批行政审批项目管理方式的决定》，中国人民银行停止了《黄金制品零售业务核准》的审批工作，彻底放开了黄金饰品零售市场的行政管理。

2004 年 1 月，中国人民银行停止所辖门市收购黄金的业务，向世人宣告了半个世纪以来中国政府对黄金严厉管制制度的落幕。6 月，高赛尔金条推出，国内首次出现按国际市场价格出售与回购的投资型金条。8 月 16 日，上海黄金交易所推出 AU(T+D) 现货延迟交易业务。9 月 6 日，中国人民银行行长周小川在伦敦金银市场协会 (LBMA) 上海年会上表示，中国黄金市场应该实现从商品交易为主向金融交易为主转变，由现货交易为主向期货交易为主转变，由国内市场向融入国际市场转变。中国的黄金管理政策也从统购统配的单一管理模式，正式走向了市场经济的模式，并全面与世界黄金市场接轨，重新跻身于国际五大黄金市场，恢复了我国在国际金融市场上应有的重要地位。

6

中国现代金银币投资欣赏两相宜

一、中国现代金银币发行概况

中国现代金银币指自1979年开始经国务院授权，由中国人民银行代表国家发行的贵金属币。中国现代金银币问世至今已经有40多年的时间，大体上可以分为两个阶段。在1999年以前，我国发行金银币主要是为了换取外汇，在这种情况下，金银币发行的特点是品种多，数量并不大。但是从2000年起情况就发生了变化，随着中国经济的快速腾飞，用发行金银币换取外汇显然已经没有必要了，在这种情况下，发行金银币更多的是为了满足国内逐渐兴起的收藏需求，金银币品种与数量都逐渐增多。从目前来看，人们对中国现代金银币的社会认知度依然不高，许多人尚不知中国现代金银币为何物，而且金银币投资群体中投机客仍占到相当比例，真正的收藏爱好者非常有限。如今，金银币价格逐渐回归，这反过来也给几经炒作的中国现代金银币价格，预留了较大的升值空间，使之成为了一个新的价值洼地，有待我们进一步去挖掘。

二、中国现代金银币投资理由

在全球流动性过剩、通胀形势日趋严峻、俄乌和中东局势不稳定等多重因素影响下，金银价格再次出现新一轮飙升行情。金银价格飞涨，国内市场也出现了前所未有的黄金白银投资浪潮。由于黄金白银制品很多，且大部分品种赎

中华人民共和国成立三十周年金币一套

回都较困难，因此，对于普通投资者而言，投资钱币二级市场上中国现代金银币应是一种不错的选择。那么，中国现代金银币的投资价值到底在哪里，为什么我们会认为它具有相当的投资价值呢？

将中国现代金银币作为投资黄金白银的一种选择，其投资理由是：1. 相比较其他金银制品，中国现代金银币是由中国人民银行发行的国家法定货币，其权威性是一般普通的黄金白银品种所无法相比的，中国现代金银币代表着国家的形象和信誉，其立项、设计、制作、发行、公告等各个环节都非常严谨严肃，制造工艺更是精益求精，不管是投资性金银币和纪念性金银币，发行量都有一个限制，尤其是纪念性金银币，常规的发行量在 1 万枚至 5 万枚间，早期品种发行量更少。2. 作为投资币的熊猫金银币，虽然现在熊猫银币发行量达千万，

古代科技公斤银币一套

但它具有价格相对便宜、数十年来连续发行、每年图案不同（仅2001年、2002年熊猫图案相同）等特点，因此特别适合刚刚入门的投资者进行投资。3. 纪念性金银币的题材非常广泛，选择余地大。十二生肖、珍稀动物、体育运动、历史人物、自然风光、重大事件等题材都在金银币上有所体现，投资者既可以选择数百元的金银币进行投资，也可以选择上万元的“老、精、稀”金银币进行投资。

退一万步说，如果我们投资的中国现代金银币跌落到原来购买价以下，但金银币本身就是贵金属制成，黄金白银的价值还是存在的。再说，每一枚中国现代金银币的制作都是代表当代最高的制币工艺，其设计、雕刻也是当今顶尖的工艺大师，说每一枚中国现代金银币都是一件当代艺术品都不为过。中国现代金银币图案都为名家所绘，题材汇聚了中华民族五千年文明，加之工艺大师的精雕细琢，许多品种已成为当代艺术珍品，其珍稀性、观赏性与名家书画作品相比毫不逊色。

三、普通投资者该买什么样的中国现代金银币

中国现代金银币现已发行了近20个系列，2000多个品种，这么多的金银币品种对投资者来说如浩瀚天空中的繁星。我们如何来判断中国现代金银币的投资价值呢？一般来说，我们可以选择自己喜欢的品种作为投资的重点，比方说可以按题材专门收藏熊猫金银币、

熊猫金币之父陈坚先生创作的国宝图

新中国第一套熊猫金币石膏模

十二生肖金银币、体育运动金银币和中国历史名人金银币等；可以按规格专门收藏 1oz 金币或 2oz 银币等；可以按照生产工艺专门收藏双金属币或加厚币等；可以按材质专门收藏白银、黄金、铂金或钯金币等；还可以专门收藏得过世界大奖的中国现代金银币，等等。中国现代金银币的特点在于长线收藏、投资，而不是短线炒作，我们可以把它作为自己家庭资产配置的一部分。从作者自己收藏、投资的经验和体会来看，我们不妨可以重点关注以下一些品种。

2012 年龙年十公斤金币（正面）

2012年龙年十公斤金币（背面）

1999 年兔年一公斤金币（正面）

1999 年兔年一公斤金币（背面）

（一）发行量少的品种

如，5oz 以上金币，1kg 银币等。理论上讲发行量少的金银币都值得投资，只是发行量少的金银币大家都已知晓了它的投资价值，其价位已很高了，资金实力稍逊者还是投资性价比高的普通品种。但发行量少的品种长期持有一定是增值最大的。

（二）制造错误的品种

如，为 1988 年第 15 届冬奥会发行的银币，将“15”错镌成“16”，币中主题文字出现错误。此币虽然出现严重错误，但国家却没有将错币收回，照发不误，因此，市场上该币存量还不少，价位也不高。还有 2000 年发行 5oz 龙凤呈祥彩银币，因文字写错，错币收回，没有发行，仅有 700 枚流出，故此枚错币被市场强烈关注，现市场价已达数万元。

（三）试制样币的品种

中国现代金银币试制样币极其少见，一般只有几十枚，在不规范的情况下从国内造币厂流出。如，1979 年中华人民共和国成立三十周年首套纪念金币 300 元面值的样币，1988 年 27 克 15 届冬奥会亚光喷砂银币，1998 年 1/4oz 生肖彩金虎等。

（四）荣获大奖的品种

如，1982 年“中国壬戌（狗）年纪念”银币，1983 年熊猫金币等。前者获 1982 年度“最佳标准银币”奖，后者获

1983 年度世界硬币“最佳金币”奖。

（五）中国现代金银币之最的品种

如，最早发行的金币是 1979 年的中华人民共和国成立三十周年纪念金币；最早发行的银币是 1980 年的国际儿童年银币，最早发行的铂金币是 1987 年的熊猫铂金币；最早发行的钯金币是 1989 年的熊猫钯金币等。

（六）系列币中首枚发行的品种

如，1oz 熊猫银币系列的 1983 年熊猫银币、1/2oz 彩金系列的贵妃醉酒彩金币、中国民俗系列的中秋节银币、石窟系列的 2oz 敦煌银币等。

（七）与贵金属材料价格接近的品种

如，30g 的熊猫金银币，熊猫金币现市场价 2 万多元，1oz 黄金的金价在 2 万元左右；熊猫银币市场价 230 元左右，1oz 白银的银价在 200 元。这些投资性金银币是最适合初级或资金较少的投资者进行投资的。

（八）形制较少的品种

如，1984 年发行的第 23 届奥运会 1/4oz 银币，1991 年中国熊猫金币发行十周年纪念 2oz 熊猫银币，1994 年 12 边型喜鹊图金银币，1999 年 5oz 富贵有余彩银币等。

四、金融类题材的金银纪念章

上海是我国近代银行业的发祥之地，也是我国20世纪中叶当之无愧的金融中心。金融类题材的纪念章往往具有独特的意义，或纪念其开业、周年庆，或纪念重大的历史事件。制作者常常倾其智慧，不惜财力、物力，设计制作出极具收藏、欣赏价值的各类纪念章。

1990年以来，各类金融机构纷纷成立，这期间最流行的是1盎司银质纪念章。当时国企送礼要符合“小额、必须、合理”。1盎司银章，当时成本能控制在200元左右，企业购买后容易报销，送人银子面子上还是过得去的，受赠者收下无面值的银章也不会不安。这些有艺术气息的纪念品，一时间盛况不减，有个别金融机构，为纪念庆祝其成立，每年制作一款纪念银章，竟连续十多年不断。

1盎司银质纪念章，直径约40mm。20世纪90年代以前较少，集中出现在1994年以后。早期的1盎司金融类题材纪念章，可能是民间设计制作或造币厂厂外加工，制作形式上并不规范，纪念章上不标注成色、重量和制作单位名称，证书、章盒简陋，甚至没有证书和章盒。这些纪念章以纯银、足银来标注成色，有的随纪念册做在一起，将贵金属成分、成色标注在纪念册上，一旦纪念章与册子分离，其成色、重量等信息就无从考证了。

21世纪初，各类金融题材的金银纪念章，其发展达到了顶峰，纪念章款式不一，品种繁多。金银纪念章从行业大类分约可分为三大类：

工商银行如意金章（正面、背面）

南京 2014 青奥会金章（正面、背面）

中信银行苏州分行成立十五周年金章
（正面、背面）

第一类为各家银行发行的金银纪念章。该银行类金银纪念章一般来说，越小越无名气的地方性银行就越难收集，反而是人民银行和四大行或大的股份制商业银行的金银纪念章较为常见。

第二类是其他金融机构发行的金银纪念章。该类金银纪念章因金融机构繁多，没有人和单位有能力把它收集齐全。这部分金银纪念章种类大致有证券类（包括上市公司上市的纪念章）、保险类、交易所类等。

第三类是人民银行下辖系统和金融性质的博物馆金银纪念章。人民银行下辖系统的金银纪念章最多的恐怕是造币厂制作的各类金融题材金银纪念章了。另外，各地钱币学会都辖属中国人民银行管理，而造币厂也属中国人民银行所辖，造币厂的领导、设计师大多是钱币学会的领导或会员。因此，钱币学会的金银纪念章往往最能代表这一时期的造币工艺的最高水平。如1998年上海钱币学会成立十五周年的纪念银章，是被称为中国熊猫金币之父的上海造币厂陈坚

上海证交所成立二十周年纪念章

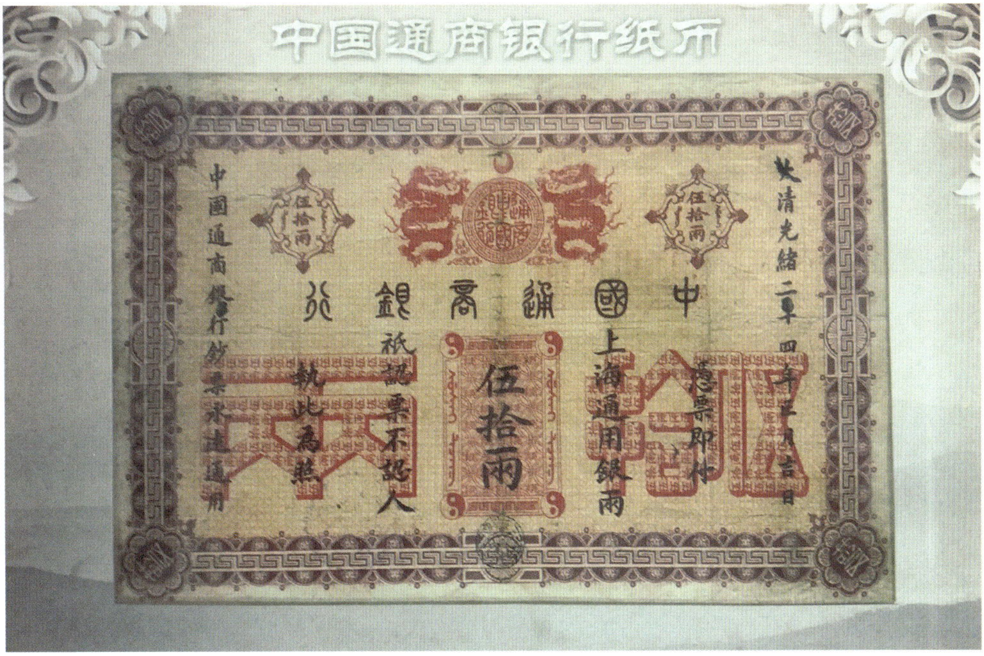

通商银行五十两彩银章

老师所设计。该币使用了当时最先进的阴形雕刻造币工艺，该工艺难度较高，当时世界上仅有少数几家造币厂能掌握，用在金融纪念章上也属首次。后来上海造币厂把这一阴形雕刻的先进工艺用在了 2001 年的民俗系列“中秋节纪念银币”上面，市场反响热烈，获巨大成功。国内现有金融类博物馆不少，但发行金银纪念章的金融类博物馆却不多。目前发行金银纪念章实物的有：上海造币博物馆、中国钱币博物馆、中国印钞总公司博物馆和上海市银行博物馆等。

金融类金银纪念章也可从直径、重量来分类。银章一般分盎司和克。以 1 盎司居多，也有 2 盎司、5 盎司、12 盎司；也有 50 克、100 克，再上去就是 500 克等。金融类纪念章材质黄金较少，其他还有铂金及其他材质的，均少见。

收藏金融类金银纪念章应关注的几个现象：

1. 纪念章是纪念品还是产品。要分清纪念章是纪念品还是产品，主要有两个大类。其一是造币厂的金银纪念章。造币厂早期的纪念章均比较珍稀，如纪念其设备设施成功投产，可以说造币厂为纪念本厂某一重大事件而发行的纪念章都十分珍贵。而在造币厂门市部出售的产品，这些产品章量就比较大，就比较普通了。其二是各大银行在2009年前后成立的贵金属部出售的带有其行名的产品系列纪念章。这些章的题材大多以吉祥或生肖等内容形式出现，上面没有纪念某一事件的主题，这些产品章也比较普通。但也有例外，如2014年南京承办青奥会，工商银行与承办方合作，发行了2014年青奥会金融纪念金银章，在其官网微店上和实体网点销售，量也不大，这就很难区分其是纪念品还是产品了。

2. 纪念章发行量的考量。一般纪念章，都会带有原盒和证书。规范的证书，可以从其证书上确定制造者、材质和数量。发行量当然是越少越好，正常的发行量当在千枚左右。但发行量有时也并不能完全说明问题。如中国工商银行成立十周年1盎司纪念银章，在其说明书上发行量为5000枚，这在纪念章里是很大的发行量了，但不知什么原因该章没有大量使用。其存量库存后来在另一项纪念活动中，委托原制造厂销毁并重新铸造了500克的纪念银章。因此该1盎司银章市场上十分少见。

3. 同款图案不同重量、材质的纪念章。有些金融机构除制作普通的1盎司银章或80mm铜章外，还会制作同款少

银行博物馆 500 克大银章（正面、背面）

量不同重量、材质的VIP章。如同款图案的2盎司、100克或500克银章，用于馈赠特殊嘉宾。如，1998年上海钱币学会成立十五周年的纪念银章，除1盎司银章外，还有100克同款银章，只是量极少。这类非标的金融类银章非常少见，500克以上的大银章，单个成本都在5000元，非土豪企业不会轻易制作，一般此类章数量不会超过100个。因此，可以说500克以上的大银章是金融纪念章中的白眉翘楚。

4. 金融纪念章上标注的厂名。收藏金融类纪念章当然是造币厂生产的质量比较有保证。2010年前，造币厂会在纪念章上标注厂名。但以后造币厂对有关图案标厂名开始谨慎处理。如地图类的图案一般不再使用，怕造成邮票“祖国山河一片红”之类的政治错误。对涉及香港、澳门、台湾地区的题材审查也趋紧、趋严，这类题材的纪念章上严禁出现造币厂厂名，仅在说明书上标注。

总之，这些形形式式的金融类金银纪念章，既是改革开放以来，我国金融业逐渐从小到大、从弱到强的一部立体史书，也是承载着我国金融业改革开放不断壮大的一部发展史。在这波澜壮阔的年代，或许有些小的金融机构因种种原因改组、消亡，没有了曾经的辉煌，但它却留下了一枚枚靓丽的有艺术气息的纪念章。这段历史，会让后人铭记、抚慰、缅怀、纪念。或许，这就是金融类金银纪念章的使命所在。

7

附录

『孤岛时期』上海黄金交易黑市机构经纪人名号（1937—1942）

1937年（金业交易所停业）仁记路119号（中国旅行社大楼）内71号天元银号成为黄金交易市场

金业交易所停业之后，移至仁记路119（今滇池路）中国旅行社大楼71号天元银号内，由武秋严、姜孝高、常桐生三人合资开设。

经纪人36家：

银楼：杨庆和、老庆云、新天宝、费文元、北庆云、宝成、老凤祥、新凤祥、凤祥和记、老天宝、方九霞、景福

金号：同丰永、生源元、大德成、泰康润、永丰、永丰余、祥兴、升大永、瑞丰恒、鑫源、万兴、益大、仁承、诚大

银号：天元、震康、同康、裕中、裕泰、信成

钱兑庄：谦泰、天成、宝康

以上36家便是黑市市场经纪人。天元成了黄金市场的管理员，天元银号内36家有对讲电话，外交易字号计三四百家之多。

1940年8月"联易公司"（中国金业股份有限公司）在中央路26号开幕

会长：潘三省

总务科长：芮恭生

经理：常桐生

场务科长：赵庚甫

副经理：顾宝庆

会计科长：刘守陆

经纪人40家：天元、德孚、鑫源、祥和、同康永、恒记、成记、德成、顺源、新丰、德大、诚达、大丰、裕兴永、益大、万丰、永成、合盛、裕泰丰、鼎盛、仁承永、明丰、祥兴永、立泰、宏庆永、时和、大、公大、中性、联兴、晋元、公和、信孚、义丰、福康永、一利、义元、大成永、聚丰永、庆泰永

其中，沪西帮：天元、义元、鑫源、立泰、新丰、中兴

广帮、潮州帮：祥兴永、裕兴永、明丰

北帮：公大、公和、万丰、德孚、时和

原金业交易所中心人物势力：德成、合盛、益大、鼎盛、恒记；祥和、成记是谦泰、天成两家钱兑庄的化身。

至于其他各家则是集合银号、业外人和一些特殊势力所结成。之后，黄金特税征收委员会指定以上41家金号代征，双方买卖成交时，代征特税千分之五，由双方各半负担。黄金交易已取得了合法地位。

——摘自《上海黄金市场与钱兑、金号、银楼》1949年江南问题研究会编印

1942年7月调查：上海金号

大成永　中央路24号602号

大昌　九江路45号407号

仁承永记　天津路51弄鸿仁里5号二楼开办民29年

生源永　天津路7弄10号开办民20年经理洪利章

同丰永仁记金铺　南京路310号经理王粤夫

立兴生记　天津路260号2楼204号号主吴雨生开办民30年

春源永　宁波路349号2楼148号经理余均甫

益余丰记　河南路575弄30号

义元（义大、义盛）　九江路证券大楼364号开办民30年经理马冠良

庆泰永　中央路24号410号开办民29年经理朱玉龙

庆丰祥记　汉口路405号经理吴庆祥

1942年7月调查：各地金号名录

广州　天华金铺　广州中华南路27号

广州　西成金铺　广州梯云东路132号

广州　西隆盛金铺　广州中华南路69号

广州　何西成金铺　广州中华南路101号

广州 东盛金铺 广州中华南路 81 号

广州 南盛金铺 广州中华南路 79 号

广州 丽源金铺 广州中华南路 11 号之一

苏州 泰丰金铺 苏州观西邮局对门

天津 三阳合记金店 天津法租界 24 号路 68 号

天津 天宝金店 天津法租界光明社旁 59 号

天津 正阳金店 天津法租界 25 号路 27 号

天津 志达金店 天津法租界 24 号路天方军市场北便门

天津 物恒金店 天津法租界梨栈

北平 泰阳金店 北平庙房头条 62 经理贾瑞权

北平 德森金店 北平观音寺街 45

北平 德森金店（分号） 北平琉璃厂 200 经理萧铁如

成都 天成亨金号 四川成都城守东大街 40 号

成都 天成亨金号（分号） 春熙北路 39 号

梧州 元华金铺 广西梧州五坊路

曼谷 马丽丰金行 泰国曼谷三角路

———摘自《旧中国交易所股票金融市场资料汇编》，书目文献出版社 1995 年 1 月版。

附录

近现代黄金价格的走势与相关数据资料图

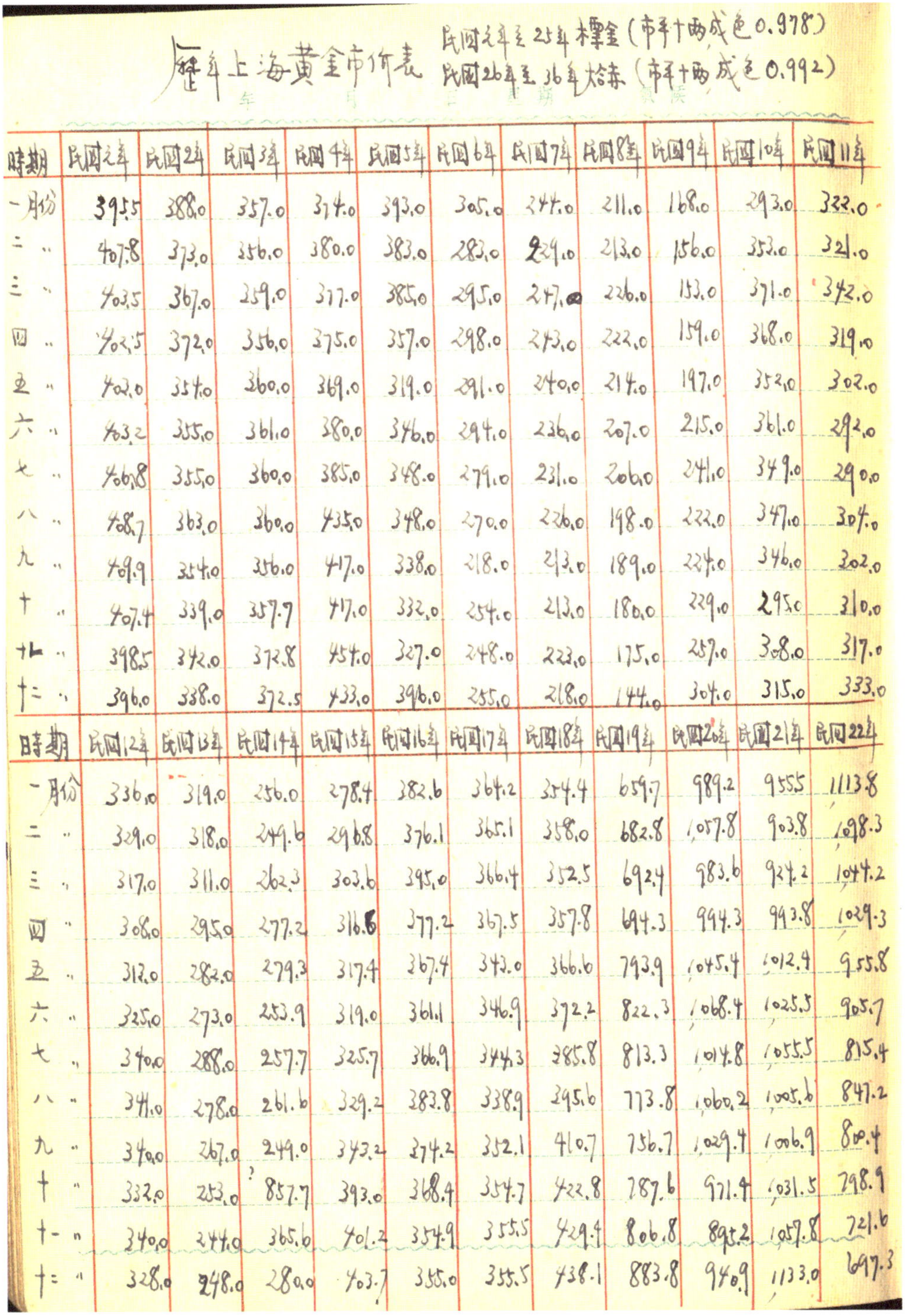

歷年上海黄金市价表　民国元年至25年標金（市秤十两成色0.978）
民国26年至36年大條（市秤十两成色0.992）

時期	民国元年	民国2年	民国3年	民国4年	民国5年	民国6年	民国7年	民国8年	民国9年	民国10年	民国11年
一月份	395.5	388.0	357.0	374.0	393.0	305.0	244.0	211.0	168.0	293.0	322.0
二 〃	407.8	373.0	356.0	380.0	383.0	283.0	229.0	213.0	156.0	353.0	321.0
三 〃	403.5	367.0	359.0	377.0	385.0	295.0	247.0	226.0	153.0	371.0	342.0
四 〃	402.5	372.0	356.0	375.0	357.0	298.0	243.0	222.0	159.0	368.0	319.0
五 〃	402.0	354.0	360.0	369.0	319.0	291.0	240.0	214.0	197.0	352.0	302.0
六 〃	403.2	355.0	361.0	380.0	346.0	294.0	236.0	207.0	215.0	361.0	292.0
七 〃	406.8	355.0	360.0	385.0	348.0	279.0	231.0	206.0	241.0	349.0	290.0
八 〃	408.7	363.0	360.0	435.0	348.0	270.0	226.0	198.0	222.0	347.0	304.0
九 〃	409.9	354.0	356.0	417.0	338.0	218.0	213.0	189.0	224.0	346.0	302.0
十 〃	407.4	339.0	357.7	417.0	332.0	254.0	213.0	180.0	229.0	295.0	310.0
十一 〃	398.5	342.0	372.8	454.0	327.0	248.0	223.0	175.0	257.0	308.0	317.0
十二 〃	396.0	338.0	372.5	433.0	396.0	255.0	218.0	144.0	304.0	315.0	333.0

時期	民国12年	民国13年	民国14年	民国15年	民国16年	民国17年	民国18年	民国19年	民国20年	民国21年	民国22年
一月份	336.0	319.0	256.0	278.4	382.6	364.2	354.4	659.7	989.2	955.5	1113.8
二 〃	329.0	318.0	249.6	296.8	376.1	365.1	358.0	682.8	1,057.8	903.8	1,098.3
三 〃	317.0	311.0	262.3	303.6	395.0	366.4	352.5	692.4	983.6	924.2	1,044.2
四 〃	308.0	295.0	277.2	316.6	377.2	367.5	357.8	694.3	994.3	993.8	1,029.3
五 〃	312.0	282.0	279.3	317.4	367.4	343.0	366.6	793.9	1,045.4	1,012.4	955.8
六 〃	325.0	273.0	253.9	319.0	361.1	346.9	372.2	822.3	1,068.4	1,025.5	905.7
七 〃	340.0	288.0	257.7	325.7	366.9	344.3	385.8	813.3	1,014.8	1,055.5	815.4
八 〃	341.0	278.0	261.6	329.2	383.8	338.9	395.6	773.8	1,060.2	1,005.6	847.2
九 〃	340.0	267.0	249.0	343.2	374.2	352.1	410.7	756.7	1,029.4	1,006.9	800.4
十 〃	332.0	253.0	? 857.7	393.0	368.4	354.7	422.8	787.6	971.4	1,031.5	798.9
十一 〃	340.0	244.0	365.6	401.2	354.9	355.5	429.4	806.8	895.2	1,057.8	721.6
十二 〃	328.0	248.0	280.0	403.7	355.0	355.5	438.1	883.8	940.9	1133.0	697.3

1912-1948 年金价表

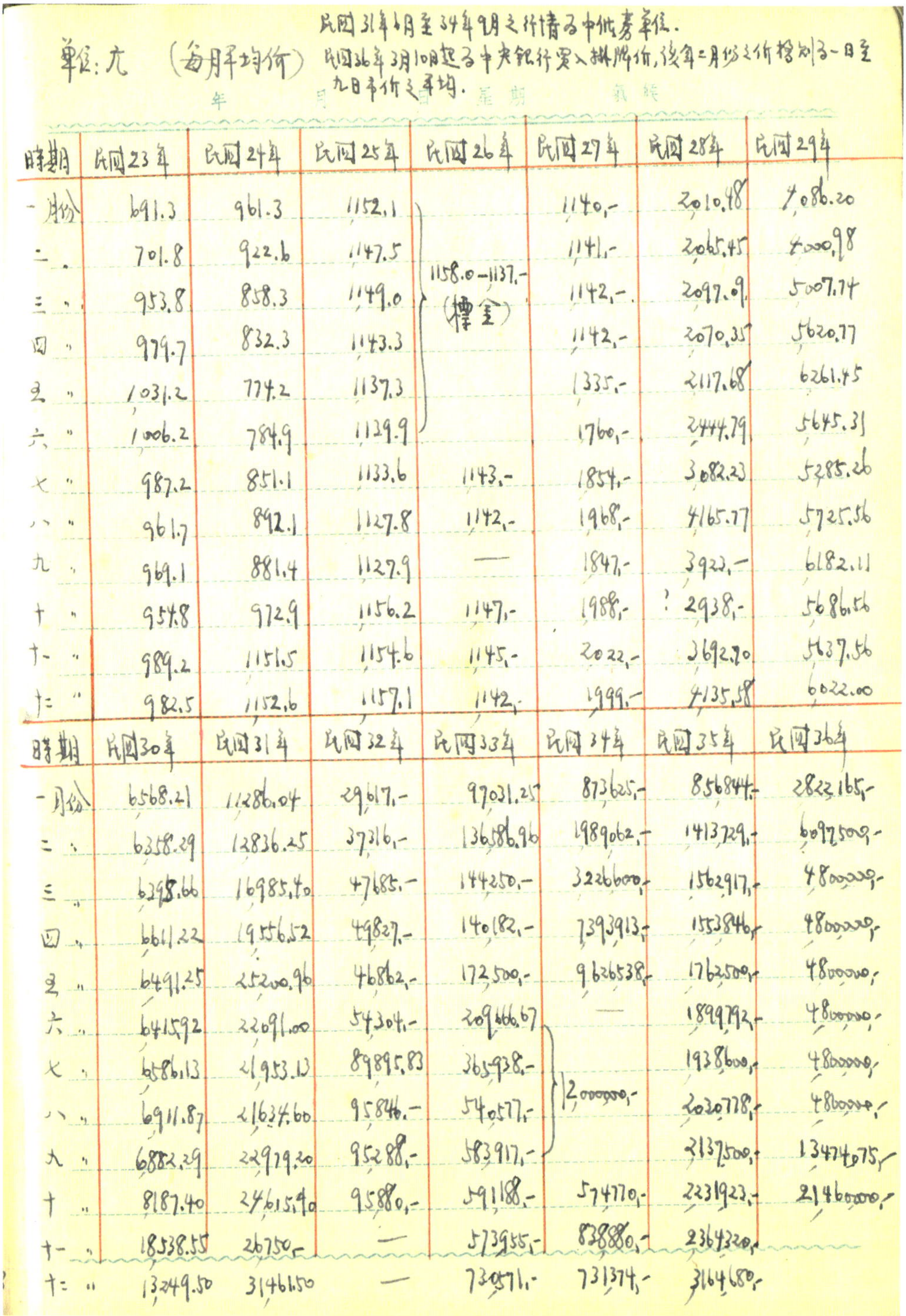

單位：元 （每月平均價） 民國31年6月至34年9月之價皆為中儲券單位。
民國36年3月10日起為中央銀行買入掛牌價，後年二月份之價格則為一日至九日市價之平均。

時期	民國23年	民國24年	民國25年	民國26年	民國27年	民國28年	民國29年
一月份	691.3	961.3	1152.1		1140.-	2010.48	4086.20
二 "	701.8	922.6	1147.5		1141.-	2065.45	4000.98
三 "	953.8	858.3	1149.0	1158.0–1137.-（標金）	1142.-	2097.9	5007.74
四 "	979.7	832.3	1143.3		1142.-	2070.35	5620.77
五 "	1031.2	774.2	1137.3		1335.-	2117.68	6261.45
六 "	1006.2	784.9	1139.9		1760.-	2444.79	5645.31
七 "	987.2	851.1	1133.6	1143.-	1854.-	3082.23	5285.26
八 "	961.7	892.1	1127.8	1142.-	1968.-	4165.77	5725.56
九 "	969.1	881.4	1127.9	—	1847.-	3923.-	6182.11
十 "	954.8	972.9	1156.2	1147.-	1988.-	? 2938.-	5686.56
十一 "	989.2	1151.5	1154.6	1145.-	2022.-	3692.20	5637.56
十二 "	982.5	1152.6	1157.1	1142.-	1999.-	4135.58	6022.00

時期	民國30年	民國31年	民國32年	民國33年	民國34年	民國35年	民國36年
一月份	6568.21	11286.04	29617.-	97031.25	873625.-	856844.-	2822165.-
二 "	6358.29	12836.25	37316.-	136586.96	1989062.-	1413729.-	6097509.-
三 "	6298.66	16985.40	47685.-	144250.-	3226600.-	1562917.-	4800000.-
四 "	6611.22	19556.52	49827.-	140182.-	7393913.-	1553846.-	4800000.-
五 "	6491.25	25200.96	46862.-	172500.-	9626538.-	1762500.-	4800000.-
六 "	6415.92	22091.00	54304.-	209666.67	—	1899792.-	4800000.-
七 "	6586.13	21953.13	89895.83	365938.-		1938600.-	4800000.-
八 "	6911.87	21634.60	95846.-	540577.-	2000000.-	2030778.-	4800000.-
九 "	6882.29	22979.20	95288.-	583917.-		2137500.-	13474075.-
十 "	8187.40	24615.40	95880.-	591188.-	574770.-	2231923.-	21460000.-
十一 "	18538.55	26750.-	—	573955.-	838880.-	2364320.-	
十二 "	13249.50	31461.50	—	730571.-	731374.-	3164680.-	

1912-1948 年金价表

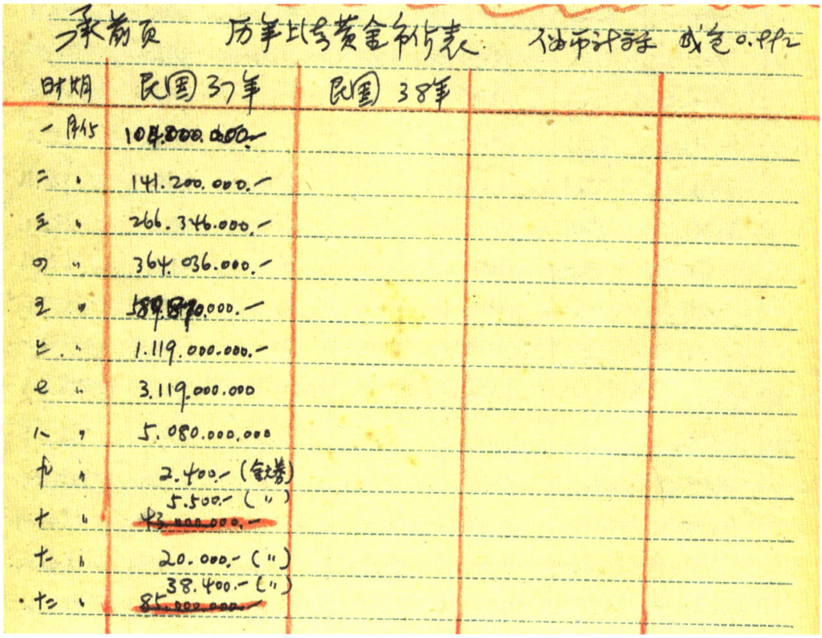
承前页　历年比较黄金市价表　伪币计算　成色0.992

时期	民国37年	民国38年		
一月份	104.000.000.-			
二〃	141.200.000.-			
三〃	266.346.000.-			
四〃	364.036.000.-			
五〃	[illegible]0.000.-			
六〃	1.119.000.000.-			
七〃	3.119.000.000			
八〃	5.080.000.000			
九〃	2.400.-（金圆券）			
十〃	5.500.-（〃） ~~[illegible]3.000.000.-~~			
十一〃	20.000.-（〃）			
十二〃	38.400.-（〃） ~~85.000.000.-~~			

1912-1948 年金价表

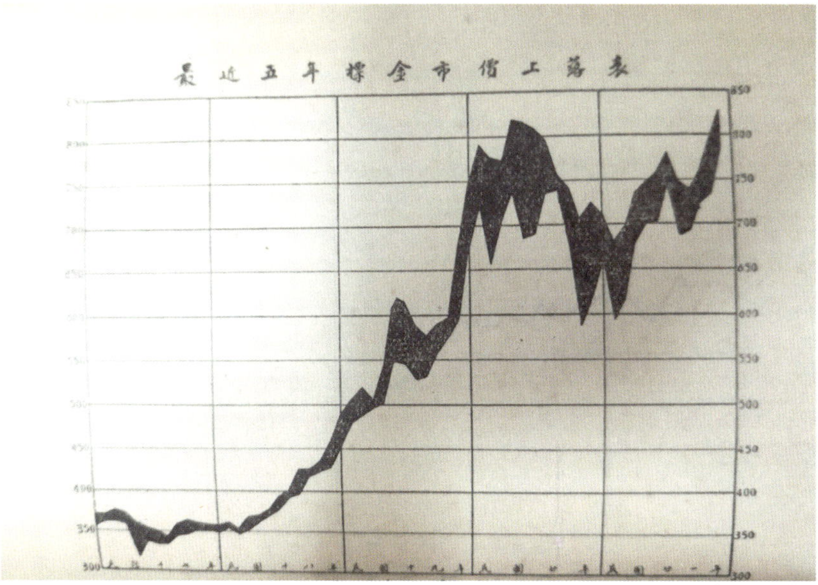

1928-1932 年标金市价上落表

中华劝工银行美汇标金对照表

美滙標金對照表

美滙	標金	美滙	標金	美滙	標金
24	992.79	26 3/8	903.39	28 3/4	828.76
24 1/16	990.21	26 7/16	901.26	28 13/16	826.97
24 1/8	987.65	26 1/2	899.13	28 7/8	825.18
24 3/16	985.09	26 9/16	897.02	28 15/16	823.39
24 1/4	982.56	26 5/8	894.91	29	821.62
24 5/16	980.03	26 11/16	892.81	29 1/16	819.85
24 3/8	977.52	26 3/4	890.73	29 1/8	818.09
24 7/16	975.02	26 13/16	888.65	29 3/16	816.34
24 1/2	972.53	26 7/8	886.59	29 1/4	814.60
24 9/16	970.05	26 15/16	884.53	29 5/16	812.86
24 5/8	967.59	27	882.48	29 3/8	811.13
24 11/16	965.14	27 1/16	880.44	29 7/16	809.41
24 3/4	962.71	27 1/8	878.41	29 1/2	807.69
24 13/16	960.28	27 3/16	876.39	29 9/16	805.99
24 7/8	957.87	27 1/4	874.38	29 5/8	804.29
24 15/16	955.47	27 5/16	872.38	29 11/16	802.59
25	953.08	27 3/8	870.39	29 3/4	800.91
25 1/16	950.70	27 7/16	868.41	29 13/16	799.23
25 1/8	948.34	27 1/2	866.44	29 7/8	797.56
25 3/16	945.98	27 9/16	864.47	29 15/16	795.89
25 1/4	943.64	27 5/8	862.51	30	794.23
25 5/16	941.31	27 11/16	860.57	30 1/16	792.58
25 3/8	938.99	27 3/4	858.63	30 1/8	790.94
25 7/16	936.69	27 13/16	856.70	30 3/16	789.30
25 1/2	934.39	27 7/8	854.78	30 1/4	787.67
25 9/16	932.11	27 15/16	852.87	30 5/16	786.04
25 5/8	929.83	28	850.96	30 3/8	784.43
25 11/16	927.57	28 1/16	849.07	30 7/16	782.82
25 3/4	925.32	28 1/8	847.18	30 1/2	781.21
25 13/16	923.08	28 3/16	845.30	30 9/16	779.61
25 7/8	920.85	28 1/4	843.43	30 5/8	778.02
25 15/16	918.63	28 5/16	841.57	30 11/16	776.44
26	916.42	28 3/8	839.72	30 3/4	774.86
26 1/16	914.22	28 7/16	837.87	30 13/16	773.29
26 1/8	912.04	28 1/2	836.03	30 7/8	771.72
26 3/16	909.86	28 9/16	834.20	30 15/16	770.16
26 1/4	907.69	28 5/8	832.38	31	768.61
26 5/16	905.54	28 11/16	830.57	31 1/16	767.07

美滙標金對照表

美滙	標金	美滙	標金	美滙	標金
31 1/8	765.53	33 1/2	711.25	35 7/8	664.17
31 3/16	763.99	33 9/16	709.93	35 15/16	663.01
31 1/4	762.43	33 5/8	708.61	36	661.86
31 5/16	760.94	33 11/16	707.29	36 1/16	660.71
31 3/8	759.43	33 3/4	705.98	36 1/8	659.57
31 7/16	757.92	33 13/16	704.68	36 3/16	658.43
31 1/2	756.41	33 7/8	703.38	36 1/4	657.30
31 9/16	754.91	33 15/16	702.08	36 5/16	656.16
31 5/8	753.42	34	700.79	36 3/8	655.04
31 11/16	751.94	34 1/16	699.51	36 7/16	653.91
31 3/4	750.46	34 1/8	698.23	36 1/2	652.79
31 13/16	748.98	34 3/16	696.95	36 9/16	651.68
31 7/8	747.51	34 1/4	695.68	36 5/8	650.57
31 15/16	746.05	34 5/16	694.41	36 11/16	649.46
32	744.59	34 3/8	693.15	36 3/4	648.35
32 1/16	743.14	34 7/16	691.89	36 13/16	647.25
32 1/8	741.70	34 1/2	690.64	36 7/8	646.15
32 3/16	740.26	34 9/16	689.39	36 15/16	645.06
32 1/4	738.82	34 5/8	688.14	37	643.97
32 5/16	737.39	34 11/16	686.90	37 1/16	642.89
32 3/8	735.97	34 3/4	685.67	37 1/8	641.80
32 7/16	734.55	34 13/16	684.44	37 3/16	640.73
32 1/2	733.14	34 7/8	683.21	37 1/4	639.65
32 9/16	731.73	34 15/16	681.99	37 5/16	638.58
32 5/8	730.33	35	680.77	37 3/8	637.51
32 11/16	728.93	35 1/16	679.56	37 7/16	636.45
32 3/4	727.54	35 1/8	678.35	37 1/2	635.39
32 13/16	726.16	35 3/16	677.14	37 9/16	634.33
32 7/8	724.77	35 1/4	675.94	37 5/8	633.27
32 15/16	723.40	35 5/16	674.75	37 11/16	632.22
33	722.03	35 3/8	673.55	37 3/4	631.18
33 1/16	720.66	35 7/16	672.37	37 13/16	630.13
33 1/8	719.30	35 1/2	671.18	37 7/8	629.09
33 3/16	717.95	35 9/16	670.00	37 15/16	628.06
33 1/4	716.60	35 5/8	668.83	38	627.03
33 5/16	715.26	35 11/16	667.66	38 1/16	626.00
33 3/8	713.92	35 3/4	666.49	38 1/8	624.97
33 7/16	712.58	35 13/16	665.33	38 3/16	623.95

美滙	標金	美滙	標金	美滙	標金
38 1/4	622.93	40 5/8	586.51	43	554.12
38 5/16	621.91	40 11/16	585.61	43 1/16	553.31
38 3/8	620.90	40 3/4	584.71	43 1/8	552.51
38 7/16	619.89	40 13/16	583.82	43 3/16	551.71
38 1/2	618.88	40 7/8	582.92	43 1/4	550.91
38 9/16	617.88	40 15/16	582.03	43 5/16	550.12
38 5/8	616.88	41	581.15	43 3/8	549.32
38 11/16	615.88	41 1/16	580.26	43 7/16	548.53
38 3/4	614.89	41 1/8	579.38	43 1/2	547.75
38 13/16	613.90	41 3/16	578.50	43 9/16	546.96
38 7/8	612.91	41 1/4	577.62	43 5/8	546.18
38 15/16	611.93	41 5/16	576.75	43 11/16	545.40
39	610.95	41 3/8	575.88	43 3/4	544.62
39 1/16	609.97	41 7/16	575.01	43 13/16	543.84
39 1/8	609.00	41 1/2	574.14	43 7/8	543.06
39 3/16	608.02	41 9/16	573.28	43 15/16	542.29
39 1/4	607.06	41 5/8	572.42	44	541.52
39 5/16	606.09	41 11/16	571.56	44 1/16	540.75
39 3/8	605.13	41 3/4	570.71	44 1/8	539.99
39 7/16	604.17	41 13/16	569.85	44 3/16	539.22
39 1/2	603.21	41 7/8	569.00	44 1/4	538.46
39 9/16	602.26	41 15/16	568.15	44 5/16	537.70
39 5/8	601.31	42	567.31	44 3/8	536.95
39 11/16	600.36	42 1/16	566.47	44 7/16	536.19
39 3/4	599.42	42 1/8	565.63	44 1/2	535.44
39 13/16	598.48	42 3/16	564.79	44 9/16	534.69
39 7/8	597.54	42 1/4	563.95	44 5/8	533.94
39 15/16	596.61	42 5/16	563.12	44 11/16	533.19
40	595.67	42 3/8	562.29	44 3/4	532.45
40 1/16	594.74	42 7/16	561.46	44 13/16	531.70
40 1/8	593.82	42 1/2	560.63	44 7/8	530.96
40 3/16	592.89	42 9/16	559.81	44 15/16	530.22
40 1/4	591.97	42 5/8	558.99	45	529.49
40 5/16	591.06	42 11/16	558.17	45 1/16	528.75
40 3/8	590.14	42 3/4	557.36	45 1/8	528.02
40 7/16	589.23	42 13/16	556.54	45 3/16	527.29
40 1/2	588.32	42 7/8	555.73	45 1/4	526.56
40 9/16	587.41	42 15/16	554.93	45 5/16	525.84

美滙	標金	美滙	標金	美滙	標金
45 3/8	525.11	47 3/4	498.99	50 1/8	475.35
45 7/16	524.39	47 13/16	498.34	50 3/16	474.76
45 1/2	523.67	47 7/8	497.69	50 1/4	474.17
45 9/16	522.95	47 15/16	497.04	50 5/16	473.58
45 5/8	522.23	48	496.39	50 3/8	472.99
45 11/16	521.52	48 1/16	495.75	50 7/16	472.41
45 3/4	520.81	48 1/8	495.11	50 1/2	471.82
45 13/16	520.10	48 3/16	494.46	50 9/16	471.24
45 7/8	519.39	48 1/4	493.82	50 5/8	470.66
45 15/16	518.68	48 5/16	493.18	50 11/16	470.08
46	517.98	48 3/8	492.55	50 3/4	469.50
46 1/16	517.27	48 7/16	491.91	50 13/16	468.92
46 1/8	516.57	48 1/2	491.28	50 7/8	468.34
46 3/16	515.87	48 9/16	490.65	50 15/16	467.77
46 1/4	515.18	48 5/8	490.01	51	467.20
46 5/16	514.48	48 11/16	489.39	51 1/16	466.62
46 3/8	513.79	48 3/4	488.76	51 1/8	466.05
46 7/16	513.10	48 13/16	488.13	51 3/16	465.48
46 1/2	512.41	48 7/8	487.51	51 1/4	464.92
46 9/16	511.72	48 15/16	486.89	51 5/16	464.35
46 5/8	511.03	49	486.26	51 3/8	463.78
46 11/16	510.35	49 1/16	485.64	51 7/16	463.22
46 3/4	509.67	49 1/8	485.03	51 1/2	462.66
46 13/16	508.99	49 3/16	484.41	51 9/16	462.10
46 7/8	508.31	49 1/4	483.80	51 5/8	461.54
46 15/16	507.63	49 5/16	483.18	51 11/16	460.98
47	506.96	49 3/8	482.57	51 3/4	460.42
47 1/16	506.28	49 7/16	481.96	51 13/16	459.87
47 1/8	505.61	49 1/2	481.35	51 7/8	459.31
47 3/16	504.94	49 9/16	480.75	51 15/16	458.76
47 1/4	504.27	49 5/8	480.14	52	458.21
47 5/16	503.61	49 11/16	479.54	52 1/16	457.66
47 3/8	502.94	49 3/4	478.93	52 1/8	457.11
47 7/16	502.28	49 13/16	478.33	52 3/16	456.57
47 1/2	501.62	49 7/8	477.73	52 1/4	456.02
47 9/16	500.96	49 15/16	477.14	52 5/16	455.47

美滙標金對照表

美滙	標金	美滙	標金	美滙	標金
52 1/2	453.85	54 7/8	434.21	57 1/4	416.19
52 9/16	453.31	54 15/16	433.71	57 5/16	415.74
52 5/8	452.77	55	433.22	57 3/8	415.29
52 11/16	452.23	55 1/16	432.73	57 7/16	414.83
52 3/4	451.70	55 1/8	432.24	57 1/2	414.38
52 13/16	451.16	55 3/16	431.75	57 9/16	413.93
52 7/8	450.63	55 1/4	431.26	57 5/8	413.48
52 15/16	450.10	55 5/16	430.77	57 11/16	413.04
53	449.57	55 3/8	430.28	57 3/4	412.59
53 1/16	449.04	55 7/16	429.80	57 13/16	412.14
53 1/8	448.51	55 1/2	429.32	57 7/8	411.70
53 3/16	447.98	55 9/16	428.83	57 15/16	411.25
53 1/4	447.46	55 5/8	428.35	58	410.81
53 5/16	446.93	55 11/16	427.87	58 1/16	410.37
53 3/8	446.41	55 3/4	427.39	58 1/8	409.93
53 7/16	445.89	55 13/16	426.91	58 3/16	409.49
53 1/2	445.36	55 7/8	426.43	58 1/4	409.05
53 9/16	444.84	55 15/16	425.96	58 5/16	408.61
53 5/8	444.33	56	425.48	58 3/8	408.17
53 11/16	443.81	56 1/16	425.01	58 7/16	407.73
53 3/4	443.29	56 1/8	424.53	58 1/2	407.30
53 13/16	442.78	56 3/16	424.06	58 9/16	406.86
53 7/8	442.26	56 1/4	423.59	58 5/8	406.43
53 15/16	441.75	56 5/16	423.12	58 11/16	406.00
54	441.24	56 3/8	422.65	58 3/4	405.57
54 1/16	440.73	56 7/16	422.18	58 13/16	405.13
54 1/8	440.22	56 1/2	421.72	58 7/8	404.70
54 3/16	439.71	56 9/16	421.25	58 15/16	404.28
54 1/4	439.21	56 5/8	420.79	59	403.85
54 5/16	438.70	56 11/16	420.32	59 1/16	403.42
54 3/8	438.20	56 3/4	419.86	59 1/8	402.99
54 7/16	437.69	56 13/16	419.40	59 3/16	402.57
54 1/2	437.19	56 7/8	418.94	59 1/4	402.14
54 9/16	436.69	56 15/16	418.48	59 5/16	401.72
54 5/8	436.19	57	418.02	59 3/8	401.30
54 11/16	435.69	57 1/16	417.56	59 7/16	400.87
54 3/4	435.20	57 1/8	417.10	59 1/2	400.45
54 13/16	434.70	57 3/16	416.65	59 9/16	400.03

美滙標金對照表

美滙	標金	美滙	標金	美滙	標金
59 5/8	399.61	62	384.31	64 3/8	370.13
59 11/16	399.20	62 1/16	383.92	64 7/16	369.77
59 3/4	398.78	62 1/8	383.53	64 1/2	369.41
59 13/16	398.36	62 3/16	383.15	64 9/16	369.05
59 7/8	397.95	62 1/4	382.76	64 5/8	368.70
59 15/16	397.53	62 5/16	382.38	64 11/16	368.34
60	397.12	62 3/8	382.00	64 3/4	367.98
60 1/16	396.70	62 7/16	381.61	64 13/16	367.63
60 1/8	396.29	62 1/2	381.23	64 7/8	367.28
60 3/16	395.88	62 9/16	380.85	64 15/16	366.92
60 1/4	395.47	62 5/8	380.47	65	366.57
60 5/16	395.06	62 11/16	380.09	65 1/16	366.22
60 3/8	394.65	62 3/4	379.71	65 1/8	365.87
60 7/16	394.24	62 13/16	379.34	65 3/16	365.51
60 1/2	393.83	62 7/8	378.96	65 1/4	365.16
60 9/16	393.43	62 15/16	378.58	65 5/16	364.82
60 5/8	393.02	63	378.21	65 3/8	364.47
60 11/16	392.62	63 1/16	377.83	65 7/16	364.12
60 3/4	392.21	63 1/8	377.46	65 1/2	363.77
60 13/16	391.81	63 3/16	377.08	65 9/16	363.42
60 7/8	391.41	63 1/4	376.71	65 5/8	363.08
60 15/16	391.01	63 5/16	376.34	65 11/16	362.73
61	390.61	63 3/8	375.97	65 3/4	362.39
61 1/16	390.21	63 7/16	375.60	65 13/16	362.04
61 1/8	389.81	63 1/2	375.23	65 7/8	361.70
61 3/16	389.41	63 9/16	374.86	65 15/16	361.36
61 1/4	389.01	63 5/8	374.49	66	361.02
61 5/16	388.62	63 11/16	374.12		
61 3/8	388.22	63 3/4	373.76		
61 7/16	387.83	63 13/16	373.39		
61 1/2	387.43	63 7/8	373.03		
61 9/16	387.04	63 15/16	372.66		
61 5/8	386.65	64	372.30		
61 11/16	386.25	64 1/16	371.93		
61 3/4	385.86	64 1/8	371.57		
61 13/16	385.47	64 3/16	371.21		
61 7/8	385.08	64 1/4	370.85		
61 15/16	384.69	64 5/16	370.49		

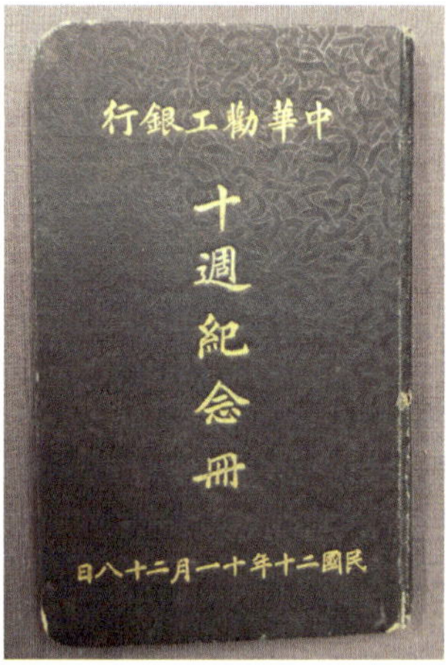

中华劝工银行纪念册

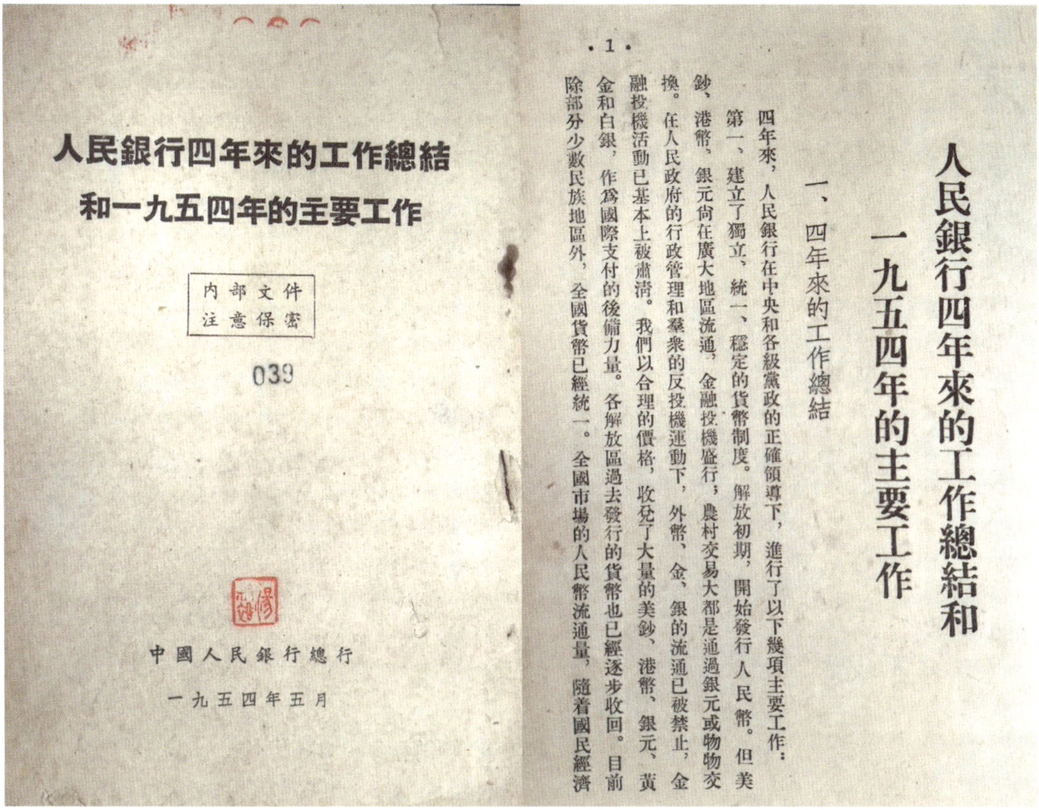

人民銀行四年來的工作總結
和一九五四年的主要工作

內部文件
注意保密

039

中國人民銀行總行

一九五四年五月

·1·

人民銀行四年來的工作總結和一九五四年的主要工作

一、四年來的工作總結

四年來，人民銀行在中央和各級黨政的正確領導下，進行了以下幾項主要工作：

第一、建立了獨立、統一、穩定的貨幣制度。解放初期，開始發行人民幣。但美鈔、港幣、銀元尚在廣大地區流通，金融投機盛行；農村交易大都是通過銀元或物物交換。在人民政府的行政管理和羣衆的反投機運動下，外幣、金、銀的流通已被禁止，金融投機活動已基本上被肅清。我們以合理的價格，收兌了大量的美鈔、港幣、銀元、黃金和白銀，作爲國際支付的後備力量。各解放區過去發行的貨幣也已經逐步收回。目前除部分少數民族地區外，全國貨幣已經統一。全國市場的人民幣流通量，隨着國民經濟

人民银行工作总结（1949-1953）

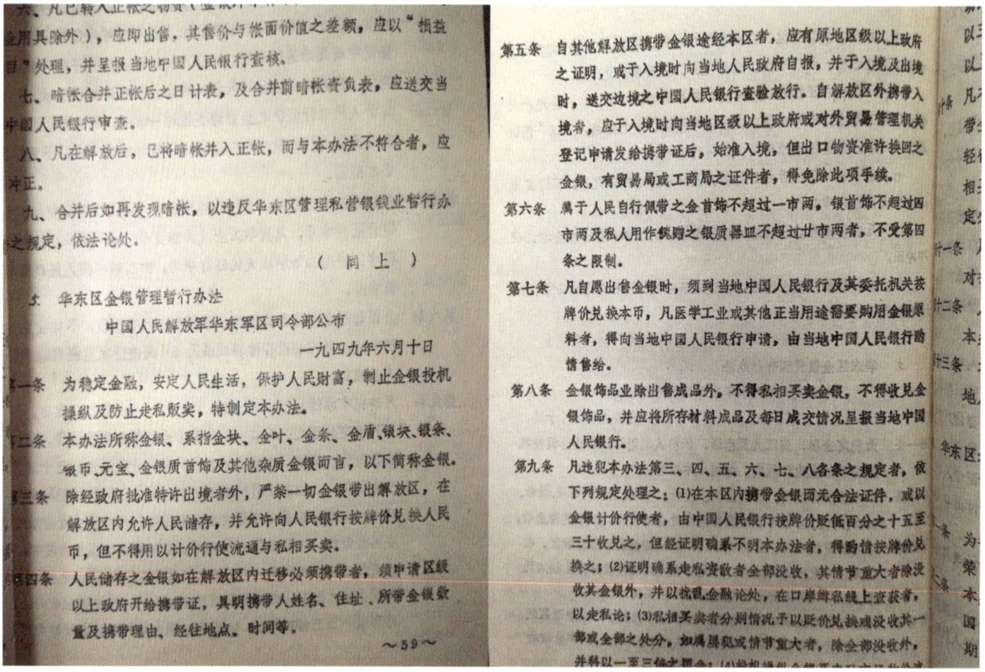

六、凡已转入正帐之物资（……）用其除外），应即出售，其售价与帐面价值之差额，应以"损益"处理，并呈报当地中国人民银行查核。

七、暗帐合并正帐后之日计表，及合并前暗帐资负表，应送交当地中国人民银行审查。

八、凡在解放后，已将暗帐并入正帐，而与本办法不符合者，应冲正。

九、合并后如再发现暗帐，以违反华东区管理私营银钱业暂行办法之规定，依法论处。

（同上）

5. 华东区金银管理暂行办法

中国人民解放军华东军区司令部公布

一九四九年六月十日

第一条 为稳定金融，安定人民生活，保护人民财富，制止金银投机操纵及防止走私贩卖，特制定本办法。

第二条 本办法所称金银，系指金块、金叶、金条、金盾、银块、银条、银币、元宝、金银质首饰及其他杂质金银而言，以下简称金银。

第三条 除经政府批准特许出境者外，严禁一切金银带出解放区，在解放区内允许人民储存，并允许向人民银行按牌价兑换人民币，但不得用以计价行使流通与私相买卖。

第四条 人民储存之金银如在解放区内迁移必须携带者，须申请区级以上政府开给携带证，具明携带人姓名、住址、所带金银数量及携带理由、经往地点、时间等。

～59～

第五条 自其他解放区携带金银途经本区者，应有原地区级以上政府之证明，或于入境时向当地人民政府自报，并于入境及出境时，送交边境之中国人民银行查验放行。自解放区外携带入境者，应于入境时向当地区级以上政府或对外贸易管理机关登记申请发给携带证后，始准入境，但出口物资准许换回之金银，有贸易局或工商局之证件者，得免除此项手续。

第六条 属于人民自行佩带之金首饰不超过一市两，银首饰不超过四市两及私人用作馈赠之银质器皿不超过廿市两者，不受第四条之限制。

第七条 凡自愿出售金银时，须到当地中国人民银行及其委托机关按牌价兑换本币，凡医学工业或其他正当用途需要购用金银原料者，得向当地中国人民银行申请，由当地中国人民银行酌情售给。

第八条 金银饰品业除出售成品外，不得私相买卖金银，不得收兑金银饰品，并应将所存材料成品及每日成交情况呈报当地中国人民银行。

第九条 凡违犯本办法第三、四、五、六、七、八各条之规定者，依下列规定处理之：(1)在本区内携带金银而无合法证件，或以金银计价行使者，由中国人民银行按牌价贬低百分之十五至三十收兑之，但经证明确系不明本办法者，得酌情按牌价兑换之；(2)证明确系走私资敌者全部没收，其情节重大者除没收其金银外，并以扰乱金融论处，在口岸缉私线上查获者，以走私论；(3)私相买卖者分别情况予以贬价兑换或没收其一部或全部之处分，如属屡犯或情节重大者，除全部没收外，并科以一至三倍之罚金；……

华东区金银管理暂行办法－1949 年 6 月 10 日

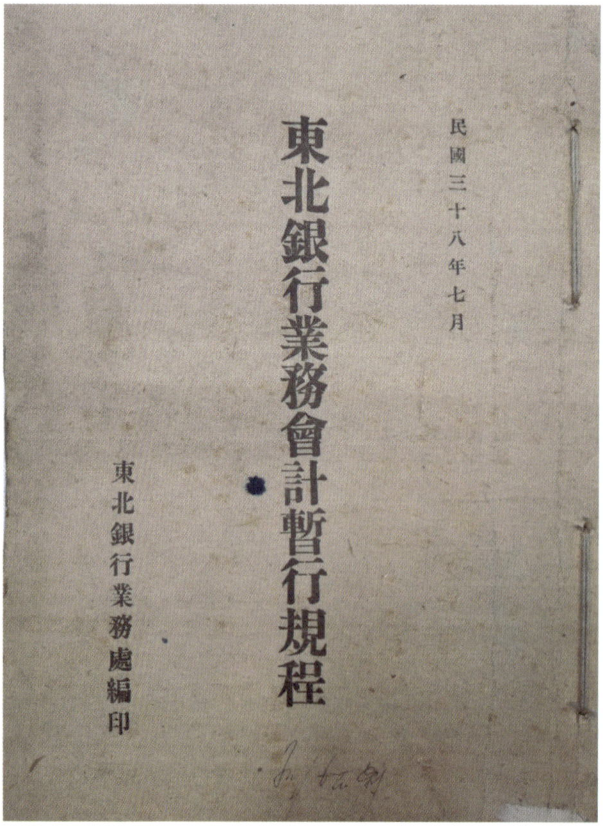

东北银行业务规程

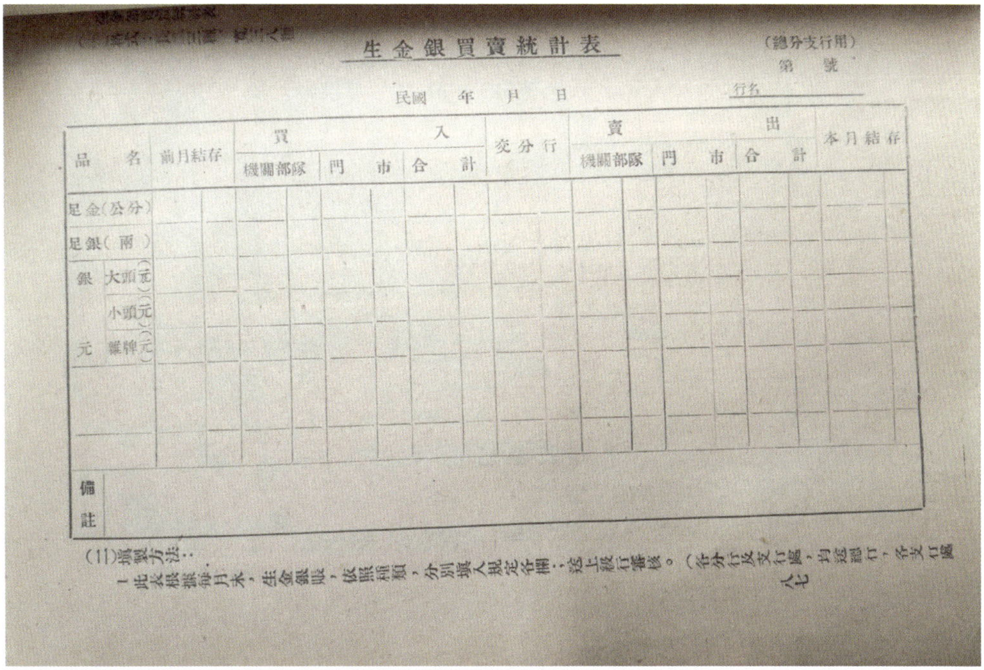

生金銀買賣統計表

（總分支行用）

第　號

民國　年　月　日　　行名

品名		前月結存	買入			交分行	賣出			本月結存
			機關部隊	門市	合計		機關部隊	門市	合計	
足金（公分）										
足銀（兩）										
銀元	大頭（元）									
	小頭元（元）									
	雜牌（元）									
備註										

（二）填製方法：

1此表根據每月末，生金銀，依照種類，分別填入規定各欄，送上級行審核。（各分行及支行處，均送總行，各支行處

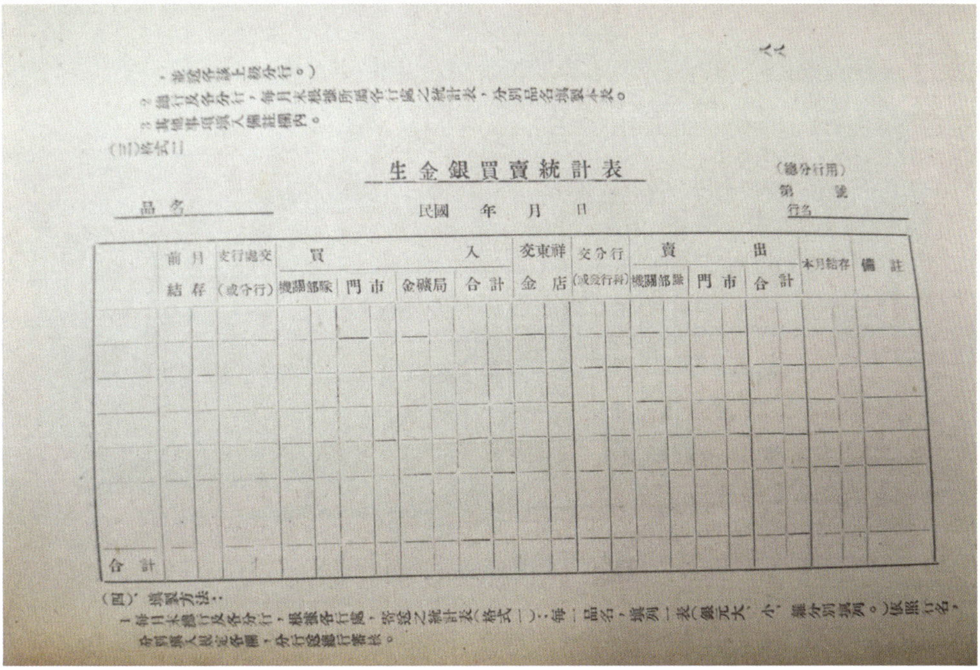

八八

並送各該上級分行。）

2總行及各分行，每月末根據所屬各行處之統計表，分別品名填製本表。

3其他事項填入備註欄內。

（三）格式二

生金銀買賣統計表

（總分行用）

第　號

品名　　民國　年　月　日　　行名

	前月結存	支行送交（或分行）	買入				交東祥金店	交分行（或發行科）	賣出			本月結存	備註
			機關部隊	門市	金礦局	合計			機關部隊	門市	合計		
合計													

（四）填製方法：

1每月末總行及各分行，根據各行處，皆送之統計表（格式一），每一品名，填列一表（銀元大、小、雜分別填列。）依照品名，分別填入規定各欄，分行送總行審核。

东北银行生金银统计表表

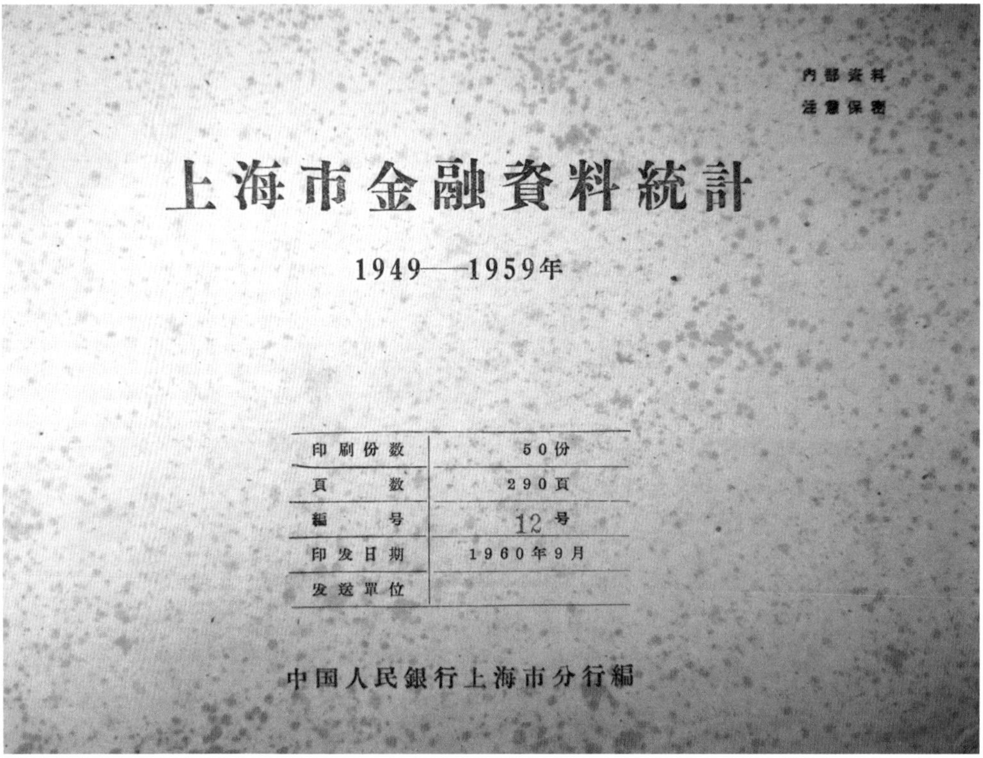
内部資料
注意保密

上海市金融資料統計

1949——1959年

印刷份数	50份
頁　　数	290頁
編　　号	12号
印发日期	1960年9月
发送單位	

中国人民銀行上海市分行編

上海市金融资料统计（1949-1959）

金銀外币收兌

單位：万元

項目	1949年	1950年	1951年	1952年	1953年	1954年	1955年	1956年	1957年	1958年	1959年
合計	277.2	1,572.7	1,687.4	8,029.4	1,279.4	1,919.8	2,175.8	1,717.1	693.6	1,958.4	1,023.3
金銀小計	29.3	603.9	1,045.3	6,802.5	1,052.1	1,568.3	1,801.2	1,408.3	527.3	1,692.0	894.7
黃金	15.5	368.5	741.0	6,069.5	915.2	1,400.2	1,599.3	1,265.7	478.4	1,356.1	686.2
白金	—	—	—	5.5	3.8	4.4	12.5	5.1	1.6	1.4	1.6
白銀	—	6.2	68.3	205.6	45.3	64.4	74.1	51.2	17.8	145.9	148.1
銀元	13.8	229.2	236.0	521.9	87.8	99.3	115.3	86.3	29.5	188.6	58.8
外币小計	247.9	968.8	642.1	1,226.9	227.3	351.5	374.6	308.8	166.3	266.4	133.6
美鈔	—	—	614.1	1,198.8	209.0	343.1	366.4	299.3	150.7	239.9	94.8
港币	—	—	28.0	28.1	17.6	8.4	7.3	8.2	9.7	16.4	17.2
其他外币	—	—	—	—	0.7	—	0.9	1.3	5.9	10.1	21.6
数量											
黃金（兩）	8,751	35,382	78,261	638,891	96,347	147,398	168,338	133,234	50,378	142,748	72,230
白金（兩）	—	—	—	191	133	151	328	168	45	50	55
白銀（兩）	—	64,700	559,746	1,643,124	362,470	512,535	593,969	409,053	143,187	1,167,589	1,184,836
銀元（枚）	1,082,433	3,118,637	1,960,324	4,280,762	762,384	992,761	1,153,121	863,450	291,868	1,885,945	588,217
美鈔（元）	7,922,206	4,505,664	2,914,879	5,966,150	891,701	1,463,267	1,563,322	1,277,346	643,369	975,975	386,116
港币（元）	1,660,452	1,068,310	787,004	791,806	436,238	210,409	183,446	200,046	198,727	389,069	410,754

—288—

上海市金融资料统计金银外币收兑（1949-1959）

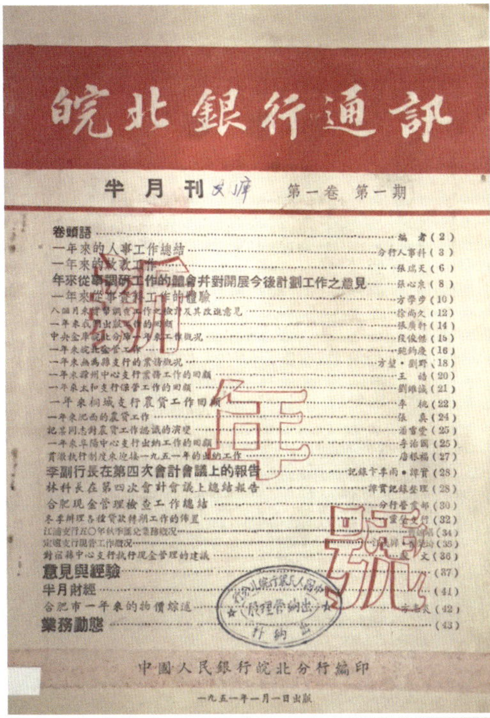
皖北銀行通訊

半月刊　第一卷 第一期

卷頭語……編者（2）
一年來的人事工作總結……分行人事科（3）
一年來的政教工作……張瑞天（6）
年來從事調研工作的體會并對開展今後計劃工作之意見……張心泉（8）
一年來從事會計工作的體驗……方學步（10）
八個月來從事調查工作之檢討及其改進意見……徐尚文（12）
一年來我行出納工作的回顧……張廣軒（14）
中央金庫皖北分庫一年來工作概況……段俊傑（15）
一年來皖北金管工作……鮑鈞慶（16）
一年來無為縣支行的業務概況……方堃・劉野（18）
一年來滁州中心支行業務工作的回顧……王皓（20）
一年來太和支行保管工作的回顧……劉維議（21）
一年來桐城支行農貸工作回顧……李桃（22）
一年來肥西的農貸工作……張真（24）
記某同志對農貸工作認識的演變……潘雪瑩（25）
一年來阜陽中心支行出納工作的回顧……李治國（25）
貫徹執行制度來迎接一九五一年的出納工作……唐根福（27）
李副行長在第四次會計會議上的報告……記錄卞季雨・緯賢（28）
林科長在第四次會計會議上總結報告……緯賢記錄整理（28）
合肥現金管理檢查工作總結……分行營業部（30）
冬季辦理各種貸款轉期工作的佈置……（32）
江浦支行五〇年秋季匯兌業務概況……（34）
定遠支行現管工作概況……（35）
對宿縣中心支行執行現金管理的建議……文（36）
意見與經驗……（37）
半月財經……（41）
合肥市一年來的物價綜述……（42）
業務動態……（43）

中國人民銀行皖北分行編印

一九五一年一月一日出版

·16·

一年來皖北金管工作

鮑鈞慶

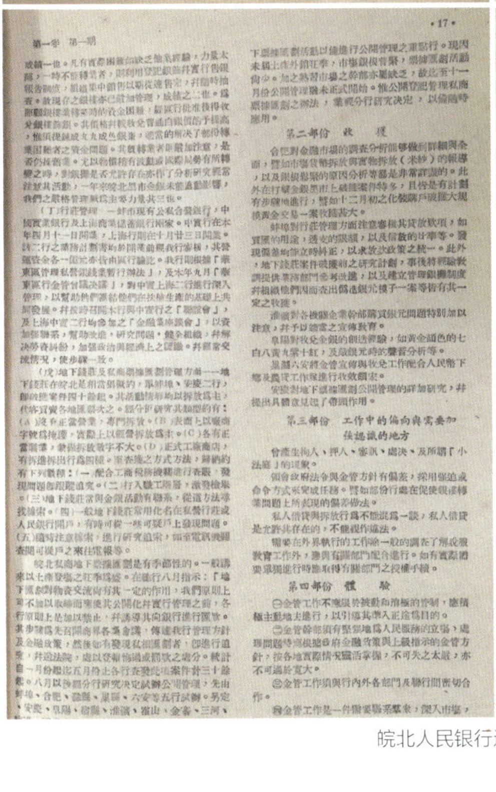
·17·

第一卷 第一期

第二部份　收　理

第三部份　工作中的偏向與需要加強認識的地方

第四部份　體　驗

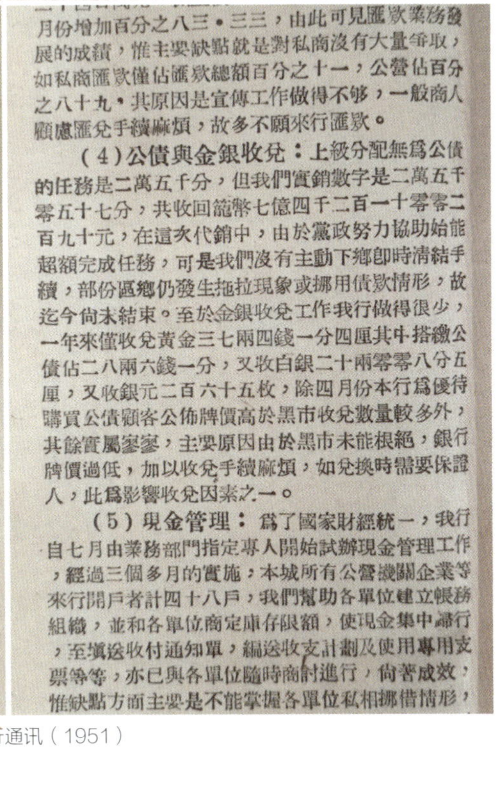
月份增加百分之八三・三三，由此可見匯兌業務發展的成績，惟主要缺點就是對私商沒有大量爭取，如私商匯兌僅佔匯兌總額百分之十一，公營佔百分之八十九。其原因是宣傳工作做得不够，一般商人顧慮匯兌手續麻煩，故多不願來行匯兌。

（4）公債與金銀收兌：上級分配無爲公債的任務是二萬五千分，但我們實銷數字是二萬五千零五十七分，共收回籠幣七億四千二百一十零零二百九十元，在這次代銷中，由於黨政努力協助始能超額完成任務，可是我們沒有主動下鄉即時清結手續，部份區鄉仍發生拖拉現象或挪用債款情形，故迄今尚未結束。至於金銀收兌工作我行做得很少，一年來僅收兌黃金三七兩四錢一分四厘其中搭繳公債佔二八兩六錢一分，又收白銀二十兩零零八分五厘，又收銀元二百六十五枚，除四月份本行爲優待購買公債顧客公佈牌價高於黑市收兌數量較多外，其餘實屬寥寥，主要原因由於黑市未能根絕，銀行牌價過低，加以收兌手續麻煩，如兌換時需要保證人，此爲影響收兌因素之一。

（5）現金管理：爲了國家財經統一，我行自七月由業務部門指定專人開始試辦現金管理工作，經過三個多月的實施；本城所有公營機關企業等來行開戶者計四十八戶，我們幫助各單位建立帳務組織，並和各單位商定庫存限額，使現金集中歸行，至填送收付通知單，編送收支計劃及使用專用支票等等，亦已與各單位隨時商討進行，尙著成效，惟缺點方面主要是不能掌握各單位私相挪借情形，

皖北人民银行通讯（1951）

国家金融统计资料提要（1952-1975）

黄金、白银、国家外汇库存统计

年份	黄金（万两）	白银（万两）	国家外汇（万美元）
1952	581	14,339	
1953	641	14,592	
1954	676	17,029	
1955	682	18,691	
1956	743	19,872	
1957	663	19,290	
1958	411	23,878	
1959	234	30,647	
1960	212	17,009	
1961	178	11,588	
1962	218	10,236	
1963	257	10,732	
1964	308	11,449	
1965	695	15,586	
1966	937	15,293	
1967	1,022	20,767	
1968	1,154	21,254	
1969	1,454	22,033	
1970	1,499	22,289	41,198
1971	1,539	22,041	20,687
1972	1,590	22,384	41,453
1973	1,419	25,479	31,481
1974	1,456	26,168	48,434
1975	1,495	26,477	54,097

国家金融统计资料提要（1952-1975）
黄金白银库存统计

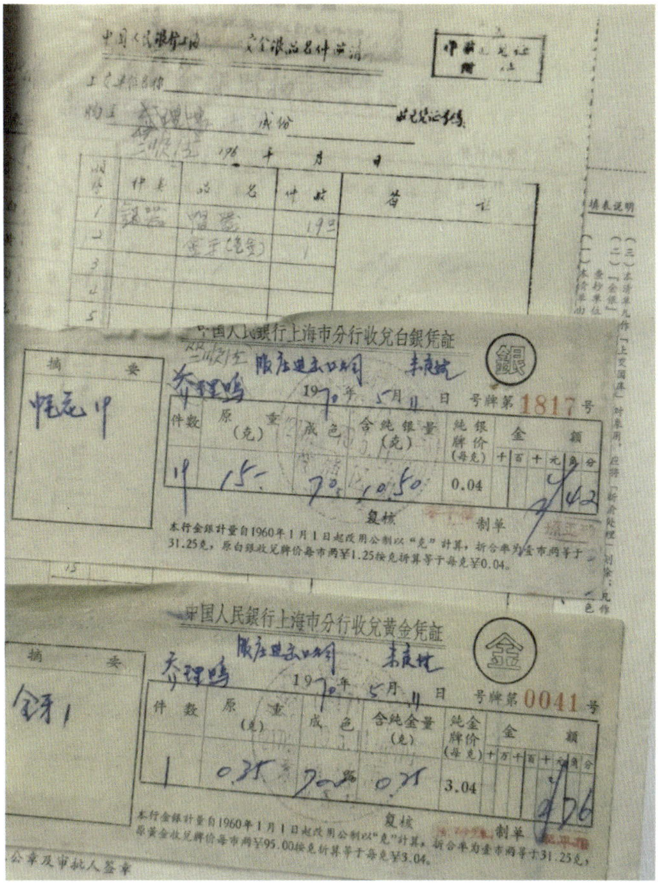

中国人民银行上海市分行收兑白银凭証

摘要

1970年5月11日 号牌第1817号

件数	原重（克）	成色	含纯银量（克）	纯银牌价（每克）	金额
				0.04	

复核 制单

本行金银计量自1960年1月1日起改用公制以"克"计算，折合率为每市两等于31.25克，原白银收兑牌价每市两¥1.25按克折算等于每克¥0.04。

中国人民银行上海市分行收兑黄金凭証

摘要

1970年5月11日 号牌第0041号

件数	原重（克）	成色	含纯金量（克）	纯金牌价（每克）	金额
				3.04	

复核 制单

本行金银计量自1960年1月1日起改用公制以"克"计算，折合率为每市两等于31.25克，原黄金收兑牌价每市两¥95.00按克折算等于每克¥3.04。

公章及审批人签章

抄家物资上交清单（金银）

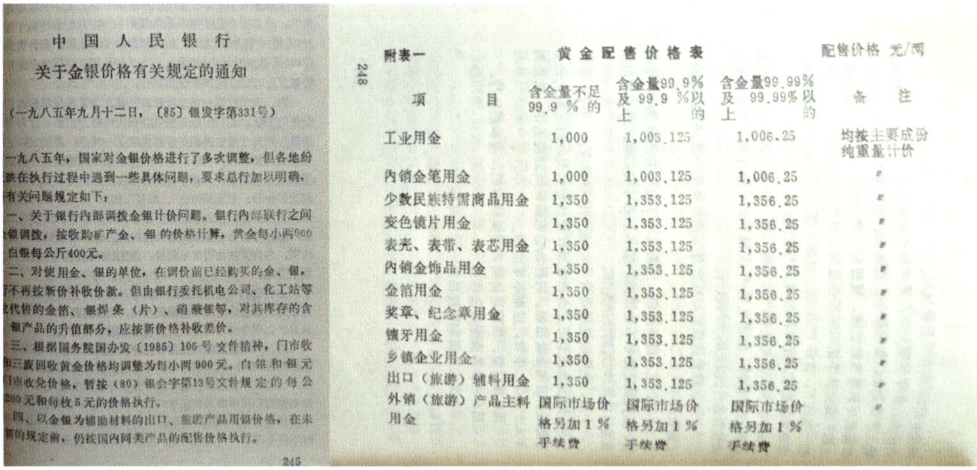

中 国 人 民 银 行

关于金银价格有关规定的通知

（一九八五年九月十二日，〔85〕银发字第331号）

一九八五年，国家对金银价格进行了多次调整，但各地纷反映在执行过程中遇到一些具体问题，要求总行加以明确，有关问题规定如下：

一、关于银行内部调拨金银计价问题。银行内部联行之间金银调拨，按收购矿产金、银的价格计算，黄金每小两900元，白银每公斤400元。

二、对使用金、银的单位，在调价前已经购买的金、银，不再按新价补收价款。但由银行委托机电公司、化工站等代售的金箔、银焊条（片）、硝酸银等，对其库存的含银产品的升值部分，应按新价格补收差价。

三、根据国务院国办发〔1985〕106号文件精神，门市收和三废回收黄金价格均调整为每小两900元。白银和银元门市收兑价格，暂按（80）银会字第13号文件规定的每公斤200元和每枚5元的价格执行。

四、以金银为辅助材料的出口、旅游产品用银价格，在未有新的规定前，仍按国内同类产品的配售价格执行。

245

248

附表一 黄金配售价格表 配售价格 元/两

项目	含金量不足99.9％的	含金量99.9％及99.9％以上的	含金量99.99％及99.99％以上的	备注
工业用金	1,000	1,003.125	1,006.25	均按主要成份纯重量计价
内销金笔用金	1,000	1,003.125	1,006.25	〃
少数民族特需商品用金	1,350	1,353.125	1,356.25	〃
变色镜片用金	1,350	1,353.125	1,356.25	〃
表壳、表带、表芯用金	1,350	1,353.125	1,356.25	〃
内销金饰品用金	1,350	1,353.125	1,356.25	〃
金箔用金	1,350	1,353.125	1,356.25	〃
奖章、纪念章用金	1,350	1,353.125	1,356.25	〃
镶牙用金	1,350	1,353.125	1,356.25	〃
乡镇企业用金	1,350	1,353.125	1,356.25	〃
出口（旅游）辅料用金	1,350	1,353.125	1,356.25	〃
外销（旅游）产品主料用金	国际市场价格另加1％手续费	国际市场价格另加1％手续费	国际市场价格另加1％手续费	〃

人民银行银发字（85）331号

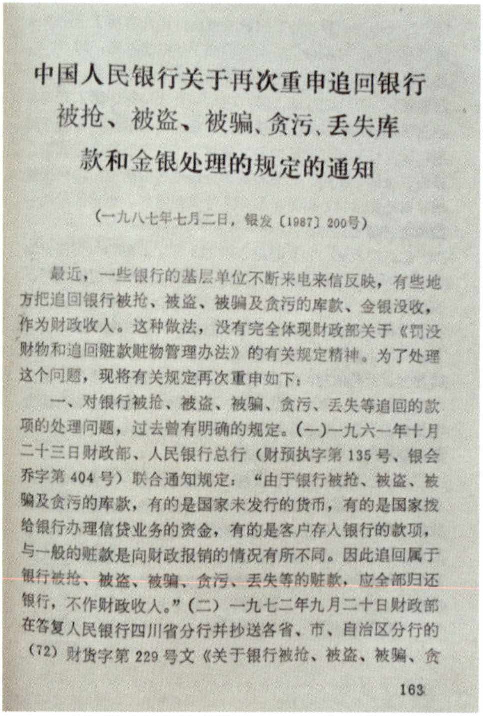

中国人民银行关于再次重申追回银行被抢、被盗、被骗、贪污、丢失库款和金银处理的规定的通知

（一九八七年七月二日，银发〔1987〕200号）

最近，一些银行的基层单位不断来电来信反映，有些地方把追回银行被抢、被盗、被骗及贪污的库款、金银没收，作为财政收入。这种做法，没有完全体现财政部关于《罚没财物和追回赃款赃物管理办法》的有关规定精神。为了处理这个问题，现将有关规定再次重申如下：

一、对银行被抢、被盗、被骗、贪污、丢失等追回的款项的处理问题，过去曾有明确的规定。(一)一九六一年十月二十三日财政部、人民银行总行（财预执字第135号、银会乔字第404号）联合通知规定："由于银行被抢、被盗、被骗及贪污的库款，有的是国家未发行的货币，有的是国家拨给银行办理信贷业务的资金，有的是客户存入银行的款项，与一般的赃款是向财政报销的情况有所不同。因此追回属于银行被抢、被盗、被骗、贪污、丢失等的赃款，应全部归还银行，不作财政收入。"(二)一九七二年九月二十日财政部在答复人民银行四川省分行并抄送各省、市、自治区分行的(72)财货字第229号文《关于银行被抢、被盗、被骗、贪

163

人民银行银发（1987）200号

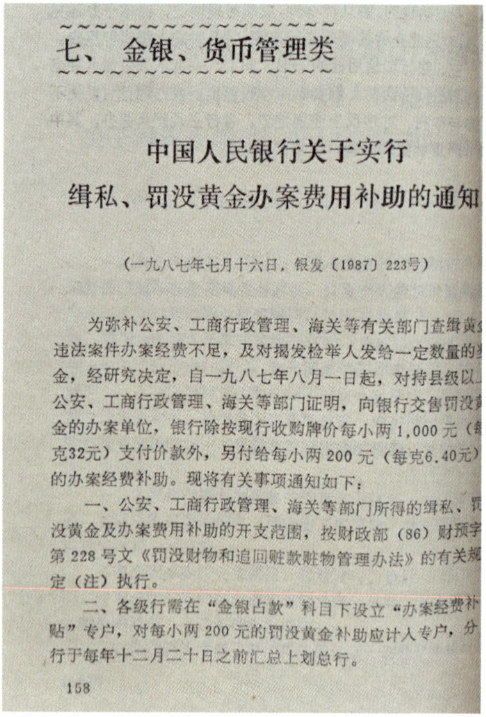

七、金银、货币管理类

中国人民银行关于实行缉私、罚没黄金办案费用补助的通知

（一九八七年七月十六日，银发〔1987〕223号）

为弥补公安、工商行政管理、海关等有关部门查缉黄金违法案件办案经费不足，及对揭发检举人发给一定数量的奖金，经研究决定，自一九八七年八月一日起，对持县级以上公安、工商行政管理、海关等部门证明，向银行交售罚没黄金的办案单位，银行除按现行收购牌价每小两1,000元（每克32元）支付价款外，另付给每小两200元（每克6.40元）的办案经费补助。现将有关事项通知如下：

一、公安、工商行政管理、海关等部门所得的缉私、罚没黄金及办案费用补助的开支范围，按财政部（86）财预字第228号文《罚没财物和追回赃款赃物管理办法》的有关规定（注）执行。

二、各级行需在"金银占款"科目下设立"办案经费补贴"专户，对每小两200元的罚没黄金补助应计入专户，分行于每年十二月二十日之前汇总上划总行。

158

人民银行银发（1987）223号

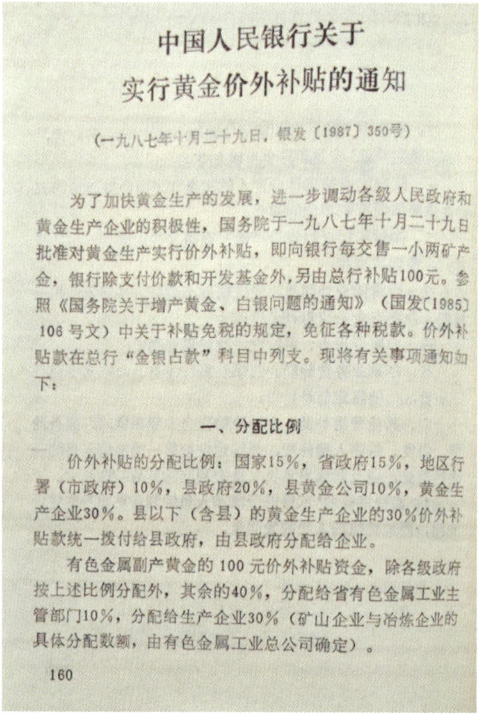

中国人民银行关于实行黄金价外补贴的通知

（一九八七年十月二十九日，银发〔1987〕350号）

为了加快黄金生产的发展，进一步调动各级人民政府和黄金生产企业的积极性，国务院于一九八七年十月二十九日批准对黄金生产实行价外补贴，即向银行每交售一小两矿产金，银行除支付价款和开发基金外，另由总行补贴100元。参照《国务院关于增产黄金、白银问题的通知》（国发〔1985〕106号文）中关于补贴免税的规定，免征各种税款。价外补贴款在总行"金银占款"科目中列支。现将有关事项通知如下：

一、分配比例

价外补贴的分配比例：国家15%，省政府15%，地区行署（市政府）10%，县政府20%，县黄金公司10%，黄金生产企业30%。县以下（含县）的黄金生产企业的30%价外补贴款统一拨付给县政府，由县政府分配给企业。

有色金属副产黄金的100元价外补贴资金，除各级政府按上述比例分配外，其余的40%，分配给省有色金属工业主管部门10%，分配给生产企业30%（矿山企业与冶炼企业的具体分配数额，由有色金属工业总公司确定）。

160

人民银行银发（1987）350号

有关货币发行、金银业务

中国人民银行上海市分行关于加强本市黄金饰品市场管理的补充通知

沪银发行(1990)4017号　　一九九〇年三月三十一日

本市各生产、批发、零售内销黄金饰品及有关单位：

遵照中国人民银行、国家工商行政管理局、国家物价局及海关总署联合颁发的银发(1989)365号“关于加强金银饰品市场管理的通知”(以下简称通知)的若干规定，结合本市情况，现就我行沪银发行(89)4079号“关于加强本市黄金饰品市场管理的通知”作补充规定如下：

一、《通知》规定“国内不开放内销白银饰品市场，任何单位不得销售银饰品，已经办理销售业务的应立即停止”。据此，本市凡已擅自经营内销银饰品的业务单位，应将去年年末及迄至目前的银饰品库存、品名、数量、重量及供货单位等情况于4月10日前上报我行，在售完现有库存后，不得再进货销售银饰品。

二、《通知》规定“委托、寄售、典当商店不得开办金银饰品、金银制品的寄售、典当业务”。据此，本市上述行业凡已经营以上业务的应即停办，并将现存的金银饰品、制品于4月10日前交售我行。

— 499 —

三、《通知》规定“未经中国人民银行批准，任何单位和金融机构不得开办黄金饰品奖售储蓄业务”。据此，本市各专业银行及邮政储汇局凡经我行批准办理此项业务的，应将办理情况、主要是黄金饰品(包括熊猫金币)货源渠道，以及90年3月底的金银饰品品种、件数及重量于4月10日前上报我行；未经我行批准办理此项业务的，立即停办，并将情况上报我行。

四、《通知》规定“违反本通知规定。由各级人民银行会同当地工商行政管理机关视其情节轻重分别给予警告、停业整顿、罚款、强制收购、贬值收购、没收实物，吊销营业执照的处罚”。据此，我行将会同市工商局、市公安局按去年我行沪银发行(89)4079“关于加强本市黄金饰品市场管理的通知”及本补充通知的规定予以查处。

以上各项，希遵照执行。

人民银行沪银发行（1990）4017号

九十年代黄金价格走势一览表

单位:元/克　美元/盎司(国家经贸委黄金局供稿)

调价时间	参考国际价格	人民币基准汇价	收购价比参考国际价高	收购价				配售价		
				99.9%以下	折美元价	99.9%以上	-	99.9%以下	99.9%以上	折美元价
1993.05.20	-	-	-	51.20	-	51.60	-	80.00	80.80	-
1993.09.01	375.00	8.8900	-10%	96.46	337.49	96.96	-	107.18	107.68	374.99
1995.08.21	386.00	8.3018	-10%	92.72	347.38	93.22	-	103.03	103.53	386.01
1996.02.01	397.66	8.3200	-10%	95.73	357.88	96.23	-	106.37	106.87	397.65
1997.01.01	376.75	8.3000	-10%	90.49	339.10	91.19	-	100.54	101.24	376.76
1997.07.01	351.19	8.2915	-6%	88.00	330.11	88.70	-	93.62	94.32	351.19
1998.02.20	302.41	8.2796	0%	80.50	302.41	81.20	-	82.10	82.80	308.42
1998.08.18	285.00	8.2800	3%	78.15	293.57	79.15	-	79.70	80.70	299.39
1998.10.12	296.80	8.2780	3%	81.36	305.70	82.36	-	83.00	84.00	311.86
调价时间	参考国际价格	人民币基准汇价	收购价比参考国际价高	收购价				配售价		
				国标二号金	折美元价	国标一号金	未达标金	国标二号金	折美元价	国标一号金
1999.05.20	275.40	8.2784	3%	75.50	283.66	76.30	74.50	77.01	289.34	77.81
1999.06.09	265.00	8.2781	3%	72.64	272.95	73.44	71.64	74.10	278.41	74.90
1999.07.15	255.00	8.2775	3%	69.90	262.65	70.70	68.90	71.30	267.91	72.10
1999.10.10	320.14	8.2778	0%	85.20	320.14	86.00	84.20	86.90	326.54	87.70
1999.10.25	-	8.2773	-	80.97	-	81.77	79.97	82.60	-	83.40
1999.12.08	-	8.2789	-	76.57	-	77.37	75.57	78.10	-	78.90

——《经济日报》2000年1月14日

黄金价格（1993-1999）

近20年黄金价格
2024年3月
500元/克
2022年 398元/克
2021年 374元/克
2020年 386元/克
2019年 312元/克
2018年 270元/克
2017年 275元/克
2016年 267元/克
2015年 235元/克
2014年 251元/克
2013年 282元/克
2012年 354元/克
2011年 327元/克
2010年 267元/克
2009年 213元/克
2008年 177元/克
2007年 142元/克
2006年 124元/克
2005年 91元/克
2004年 84元/克
2003年 74元/克

黄金价格（2003-2022）

参考书目

1. 《金银银元白金参考资料》，中国人民银行上海市分行国外业务部，1956年6月

2. 洪葭管主编，《上海金融志》，上海社会科学出版社，2003年7月

3. 洪葭管编，《中央银行史料》，中国金融出版社

4. 钱屿编，《金银货币的鉴定》，上海远东出版社

5. 傅为群编，《老上海黄金图志》，上海科学技术出版社，2019年3月

6. 文芳编，《黑色记忆之金融风暴》，中国文史出版社

7、金融法规汇编（1949—1954），财政经济出版社

8. 中华民国货币史资料（1924—1949），中国人民银行总行参事室编

9. 《上海金融》（1993-5），上海市金融学会

10. 《上海档案史料研究》（第三辑），上海三联书店

11. 典当业公会档案，S187-4-16、17

12. 中国人民银行上海金融服务工作历史回顾（1949—2008）

13. 《上海造币报》（缩印本），第48期、第162期

14. 金德平编，《历代黄金货币选编》

15. 徐宝明，“民国时期的特殊货币——金条”，《银行博物》，2007年11月

16. 徐宝明，“中央造币厂厂条的板式及戳记考略”，《钱币博览》，2009年第四期

后记

自2022年退休以来，我终于迎来了向往已久闲云野鹤般的生活。自觉退清了与工作相关的微信，像时下流行的退休人员一样，悄悄取走办公室的个人物品，非邀不再进出原来工作单位的大门。彻底放飞自我，在家里每天睡到自然醒，早午两餐合并，逍遥自在。

这样的好日子一晃两年就过去了，很多朋友纳闷,曾经这么有事业心的一个人，能过这样寓公般的生活，这么快就颓废了吗？两年多来，我基本上不外出旅游，不参加钱币、书画等拍卖活动，不再去上海老年大学给老年班同学上课。

今年三月份，出身收藏世家的好朋友王剑兄告诉我，他将出版个人首本收藏类大作《笔缘——古董钢笔收藏赏析》一书，并告诉我具体出版的日期。当时，我正好有几件与纺织有关的藏品捐赠给上海纺织博物馆，馆方欲为我举办捐赠仪式。我建议王剑兄来上海纺织博物馆，与我一起参加捐赠和首发签书仪式。在上海纺织博物馆段玲博士的支持下，签名首发及捐赠仪式举办得非常成功。

7月中下旬，上海刚度过了漫长的黄梅季节。王剑兄又来电，说他已向上海收藏协会创始会长吴少华先生介绍了我的收藏情况，建议明年我能出本关于收藏类的书籍。王剑兄曾多次来我的办公室雅聚，他知道我除了研究中国金融史和中国古钱币外，还涉及文人书画、海派女性书画等收藏，希望我写写收藏文人书画方面的内容。我对于写关于书画类收藏的题材是有些犹豫和抗拒的，因为书画类题材写的人较多，虽然我收藏的文化名人、海派女性等书画切入点比较特殊，但如果出书的话，容易弄成画册类书籍，一般会简单介绍一下人物背景，以书画图片为主。观赏性强了，学术性全无，可读性比较差。

于是我建议能否出版以我收藏了20多年的民国老金条为基础，全面论述我国黄金货币的整个发展历程的图书。王剑兄马上热心地与吴会长联系，并得到了吴会长的首肯。

近几年，老金条收藏和研究爆火，拍

卖成交量价不断创下新高，研究老金条的专著频现。比较知名的有我好朋友傅为群、金德平、李小萍等老师，还有台湾地区的戴学文先生。既然有这么多学者朋友出了专著，为何我还有勇气再来写老金条呢？原因有三：一是我研究老金条的实物有 20 多年，积累了大小老金条 100 余根，最早我写老金条方面的研究文章可追溯到 2006 年；二是研究历代黄金货币脉络比较全面，作者有收藏中国古钱币的深厚根基，不仅研究黄金货币的前世今生，还着重研究了民国时期黄金成色表述以及传统鉴别黄金成色的工具与方法。特别是对中华人民共和国成立后政府对黄金市场的管理及变迁，首次作了比较全面的论述；三是本书金条图片皆为作者多年的收藏品，书中其他辅助图片大多也是首次呈现。

本书的出版，感谢王剑兄宁愿错过探视 90 多岁老母亲的宝贵时间，为我撮合与吴少华会长相见。感谢吴少华会长放弃休息，多次对本书提出中肯的建议和专业性的指导，并在百忙之中为本书撰写了精彩的序言，陡然使拙书增色不少。感谢吴志刚主任，为本书出版费心尽力。还要感谢潘连贵研究员，将他历年收藏的关于黄金市场的珍贵资料赠送于我，并多次鼓励我撰写与老黄金相关的文章。最后，感谢我太太对我 30 多年收藏爱好的支持和包容。家里的客厅、书房、走道已为藏品所累，再也腾不出一丁点的空间。不大的书房，仅剩下一条仅容落脚的狭窄小道，被书籍、瓷器、汉砖、老茶等藏品堆满。我收藏的老金条中，价值最高者，都是太太花大价钱支持的。

根据国务院“十四五”规划，上海要在 2035 年建设成为具有全球重要影响力的国际性金融中心，而黄金市场作为金融中心的要素市场之一，是实现和提升国际金融中心的重要标志。希望本书的出版，能为推动上海加快建成世界性的金融中心，作出一份微博的贡献。

甲辰冬月于望云楼北窗下
2024 年 12 月

图书在版编目（CIP）数据

中国黄金货币：近代老金条的前世今生 / 徐宝明著.
上海：上海文化出版社, 2025. 4.
ISBN 978-7-5535-3170-0

Ⅰ. F822.9

中国国家版本馆CIP数据核字第2025D93A08号

出 版 人 姜逸青

责任编辑 吴志刚

书　　名 **中国黄金货币：近代老金条的前世今生**

著　　者 徐宝明

出　　版 上海世纪出版集团　上海文化出版社

地　　址 上海市闵行区号景路159弄A座3楼 201101

发　　行 上海文艺出版社发行中心

上海市闵行区号景路159弄A座2楼206室 201101 www.ewen.co

印　　刷 浙江经纬印业股份有限公司

开　　本 787x1092 1/16

印　　张 10.75

版　　次 2025年5月第一版 2025年5月第一次印刷

书　　号 ISBN 978-7-5535-3170-0/F.051

定　　价 128.00元